PATRICK MÉRIENNE

Atlas mondial

A Robin

CONCEPTION ET RÉALISATION PATRICK MÉRIENNE

ÉDITIONS OUEST-FRANCE
13, RUE DU BREIL, RENNES

LE MONDE PHYSIQUE

Pôle Nord

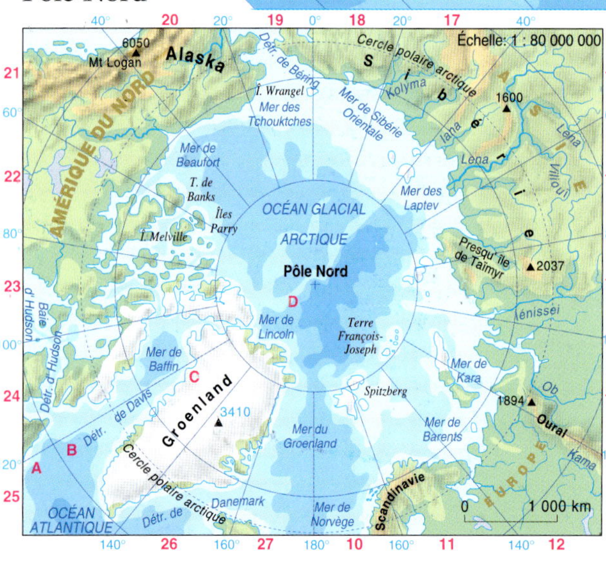

QUELQUES RECORDS MONDIAUX :

· Les plus grandes îles (km²)

1.	Groenland	[2 G2]	2 175 600
2.	Nouvelle-Guinée (Indo.)	[3 Q6]	800 000
3.	Bornéo (Indo.)	[3 O6]	750 000
4.	Madagascar	[3 L7]	587 000
5.	Sumatra (Indo.)	[3 O6]	507 000

· Les plus hauts sommets (m)

6.	Everest (Nép.)	[3 N4]	8850
7.	K 2 (Pak.)	[3 M4]	8611
8.	Kanchenjunga (Nép.)	[3 N4]	8585
9.	Lhotse (Nép.)	[3 N4]	8501
10.	Makalu (Nép.)	[3 N4]	8481

· Les plus grands lacs (km²)

11.	Mer Caspienne (Divers)	[3 L3]	367 000
12.	Lac Supérieur (É.-U.)	[2 D3]	82 000
13.	Lac Victoria (Oug.)	[3 K6]	68 100
14.	Lac Huron (É.-U.)	[2 D3]	61 800
15.	Lac Michigan (É.-U.)	[2 D3]	58 100

· Les plus grands fleuves (km)

16.	Amazone (Am.-du-Sud)	[2 G6]	7025
17.	Nil (Afr.)	[3 K4]	6700
18.	Mississippi / Missouri (Am.-du-Nord)	[2 E4]	6210
19.	Yangzi Jiang (Asie) :	[3 O4]	5530
20.	Iénissei (Asie)	[3 N2]	5500

41. **Fleuve : le plus grand débit** : Amazone (Am.-du-Sud) : 180 000 m³/sec. [2 G6]
42. **Le canyon le plus profond :** Hell Canyon (É.-U.) : 2400 m. [2D4]
43. **Le plus haut volcan :** Nevado Ojos del Salado (Chil.) : 6880 m. [2 F7]
44. **Le plus grand océan :** Pacifique : 178 700 000 km². [
45. **Lieu le plus froid :** Vostok (Antarc.) : - 89° C.[3 31 C]
46. **Lieu le plus chaud :** El Azizia (Libye) : 58° C.[3 J4]

Pôle Sud

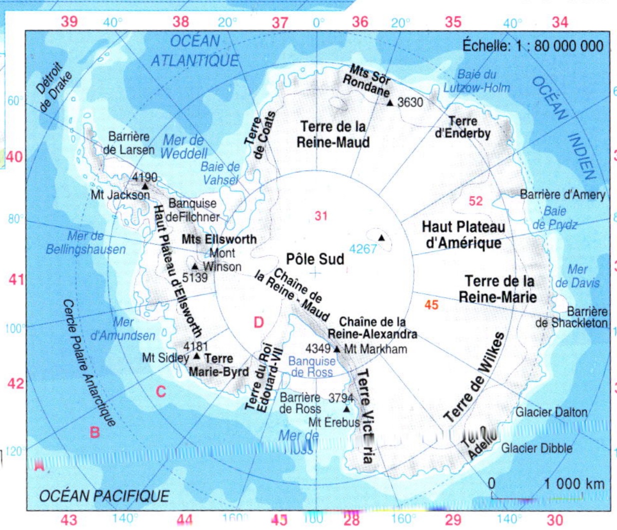

...LQUES RECORDS MONDIAUX :

plus grandes chutes d'eau

. Angel (Venez.)	[**2** F5]	1000
. Tugela (Afr.-du-Sud)	[**3** K7]	914
. Mongefossen (Norv.)	[**2** J2]	774
. Yosemite (É.-U.)	[**2** D4]	739
. Nardola Foss (Norv.)	[**2** J2]	657

plus grands déserts (km²)

. Sahara (Afr.)	[**2** I4]	7 770 000
. Désert de Libye (Afr.)	[**3** J4]	1 683 000
. Désert d'Australie (Austr.)	[**3** P7]	1 500 000
. Gobi (Asie)	[**3** O3]	1 036 000
. Kalahari (Afr.)	[**3** K7]	518 000

. **Lieu le plus sec :** Arrica (Chil.) : 0,8 mm/an.[**2** F7]

. **Lieu le plus arrosé :** Mt Waialeale (Hawaii) : [**2** B5] 12 344 mm/an.

· Les plus grandes étendues glacées (km²)

31. Antarctique	[**3** D28]	13 800 000
32. Groenland	[**2** H2]	1 726 000
33. Île Ellesmere (Can.)	[**2** F2]	26 000
34. Nouvelle-Zemble (Russie)	[**3** L2]	21 500
35. Patagonie (Am.-du-Sud)	[**2** F8]	13 500

· Les fosses marines les plus profondes (m)

36. Mariannes (Pacif.)	[**3** Q5]	11 034
37. Tonga (Pacif.)	[**3** S7]	10 822
38. Japon (Pacif.)	[**3** Q4]	10 554
39. Kouriles (Pacif.)	[**3** Q3]	10 542
40. Mindanao (Pacif.)	[**3** P5]	10 497

49. **Lieu le plus bas :** Mer Morte (Isr.) : - 394 m.[**3** K4]

50. **Falaise la plus haute :** Umiheli Pt (Hawaii) : 1005 m [**2** B5]

51. **Le plus grand fiord** [illegible] : 400 km.[**3** M8]

LE MONDE POLITIQUE

Principales abr viations : pays

AL.= ALBANIE
AR.= ARMÉNIE
A.= AUTRICHE
AZ.= AZERBAÏDJAN
B.= BAHREIN
B.D.= BANGLA-DESH
BH.= BHOUTAN
B.H.= BOSNIE-HERZÉGOVINE
BUL.= BULGARIE
C.= CHYPRE
CR.= CROATIE
D.= DANEMARK
E.A.U.= ÉMIRATS-ARABES-UNIS
GÉ.= GÉORGIE
I.= ISRAËL
IT.= ITALIE
J.= JORDANIE
K.= KOWEIT
LE.= LETTONIE
L.= LIBAN
LIT.= LITUANIE
L.= LUXEMBOURG
M.= MACÉDOINE
MOL.= MOLDAVIE
MO. = MONTÉNÉGRO
POL.= POLOGNE
Q.= QATAR
R.T.= RÉP. TCHÈQUE
ROUM.= ROUMANIE
SE.= SERBIE
S.= SUISSE
SL.= SLOVAQUIE
SLO.= SLOVÉNIE
SW.= SWAZILAND
TH.= THAÏLANDE

Pôle Nord

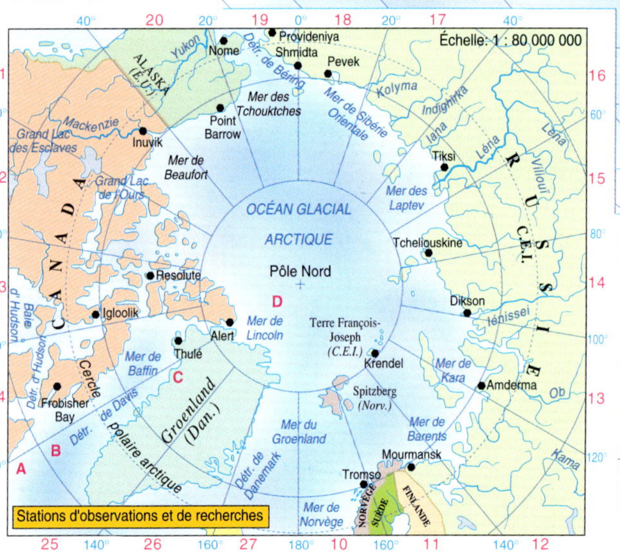

QUELQUES RECORDS MONDIAUX : 2006

· Les localités les plus hautes (m)

1. Chacaltaya (Bol.)	[4 F6]	5130
2. Minasragra (Pérou)	[4 F6]	5100
3. Jiachan (Tibet)	[5 N4]	4837
4. Cerro de Pasco (Pérou)	[4 F6]	4375
5. Potosi (Bol.)	[4 F7]	3960

· Les agglomérations les plus peuplées (millions)

6. Tokyo (Japon)	[5 Q4]	35,2
7 .Mexico (Mex.)	[4D5]	24,6
8 .Séoul (Corée Sud)	[5 P4]	22,7
9 .New York (É.-U.)	[4 F3]	22.
10. São Paulo (Brés.)	[4 G7]	19

· Les ponts routiers les plus longs (m)

11. Bang-Na-Bang	[5 O5]	54 000
12. Pontchartrain	[4 E4]	38 352
13. Seto-Ohashi (Jap.)	[5 P4]	13 000
14. Île du Prince Édouard (Canada)	[4 F3]	13 000
15. Rio de Janeiro-Niteroi (Brés.)	[4 G7]	12 100

· Les constructions les plus hautes (m)

16. Toronto CN Tower (Canada)	[4 F3]	553
17. Taipei 101 (Taiwan)	[5 P4]	508
18. Tours Pétronas (Malaisie)	[5 O5]	452
19. Sears Tower (États-Unis]	[4 E3]	442

40. **Le pays le plus petit :** Vatican (Ital.) : 0,44 km². [5 J3]
41. **Le pays le plus dense :** Monaco : 17 000 hab./km². [4 J3]
42. **Le pont de chemin de fer le plus long :** Great Salt Lake Railroad (É.-U.) : 19 000 m [4 D4]
43. **Le pont routier le plus haut :** Viaduc de Millau (Fra. 270 m. [4 D4]
44. **La plus longue travée :** Akashi Kaikyo (Jap.) : 1990 m
45. **Le plus haut jet d'eau :** Fountain Hills (É.-U.) : 170 m

Agglo. de plus de 3 000 000 d'habitants
Agglo. de 1 000 000 à 3 000 000 d'habitants
Agglo. de moins de1 000 000 d'habitants

Limite d'État souverain
Capitale

Pôle Sud

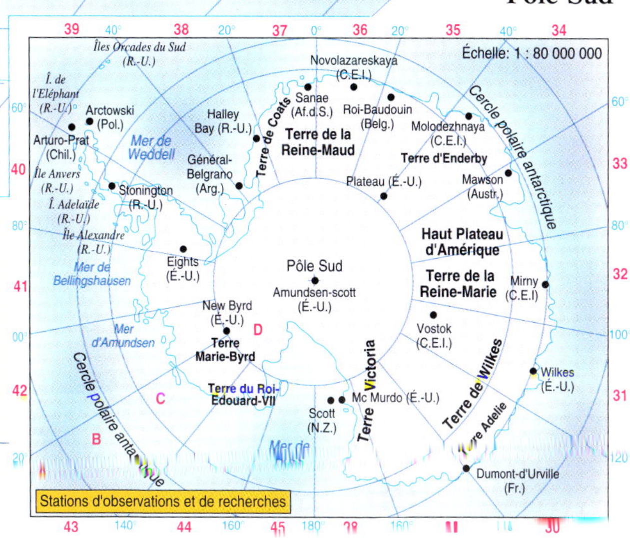

…LQUES RECORDS MONDIAUX : 2006

…tunnels ferroviaires les plus longs (km)

…eikan (Jap.)	[5 P4]	54
…unnel sous la Manche	[4 J3]	50,5
…vate (Jap.)	[5 P4]	22,2
…implon II (Ital./Sui.)	[4 J3]	19,8
…ereina (Suisse)	[4 J3]	19,5

…plus grands aéroports (millions de passagers)

…tlanta (É.-U.)	[4 E4]	85,9
…'Hare de Chicago (É.-U.)	[4 E3]	76,8
…eathrow-Londres (R.-U.)	[4 J2]	67,9
…okyo-Haneda (Jap.)	[5 O4]	63,3
…os Angelas Intern. (É.-U)	[4 D4]	61,5

…a gare ferroviaire la plus fréquentée : Moscou (Russie) : 2,8 …ns passagers par jour. [5 K3]

…e plus long quai de gare : [illegible]

…e plus long fleuve navigable : Amazone : 3598 km. [4 G6]

Les plus grand ports (millions de tonnes - 2002)

30. Rotterdam (P.-B.)	[4 J3]	322
31. Singapour (Sing.)	[5 O5]	313,5
32. Houston (É.U.)	[4 E4]	275
33. Hong Kong (Chi.)	[5 O4]	193
34. Nagoya (Jap.)	[5 P4]	158

Les tunnels routiers les plus longs (km)

35. Laerdal (Norv.)	[4 J2]	24,5
36. St-Gothard (Sui.)	[4 J3]	16,9
37. Arlberg (Autr.)	[5 J3]	13,9
38. Fréjus (Fra./Ital.)	[4 J3]	12,9
39. Mont-Blanc (Fra./Ital.)	[4 J3]	11,6

49. Le plus long réseau de métro : Londres (R.-U.) : 430 km [4 J2]

50. Le plus grand trafic passagers de métro : Moscou 3 200 millions/an. [5 K3]

L'EUROPE PHYSIQUE

	Superficie (km²)		Point culminant (m)		Longueur des frontières terrestres (km)	Longueur des côtes (km)
ALBANIE	28 748	1	Mont Korab	2 751	800	370
ALLEMAGNE	**357 000**	2	**Zugspitze**	**2 963**	**4 244**	**907**
ANDORRE	458	3	Coma Pedrosa	2 949	121	0
ARMÉNIE	29 800	4	Mont Aragats	4 090	1 255	0
AUTRICHE	**83 900**	5	**Grossglockner**	***3 797***	**2 637**	**0**
AZERBAÏDJAN	86 600	6	Bazar-Dyuzi	4 480	2 010	800
BÉLARUS (1)	207 600	7	Gora Dzerzhinskaya	345	3 100	0
BELGIQUE	**30 520**	8	**Signal de Botrange**	**694**	**1 380**	**66**
BOSNIE-HERZÉGOVINE	51 100	75	Mont Maglic	2 386	1 460	20
BULGARIE	**111 000**	9	**Moussala**	**2 925**	**1 867**	**378**
CHYPRE	**9 200**	11	**Mont Olympe**	**1 953**	**165**	**648**
CROATIE	57 000	10	Dinara	1 831	2 200	5 800
DANEMARK	**43 000**	12	**Yding Skovhoj**	**173**	**68**	**7 314**
ESPAGNE	**505 000**	13	**Mulhacén**	**3 478**	**1 945**	**5 940**
ESTONIE	**45 000**	14	**Munamägi**	**318**	**1 920**	**5 000**
FINLANDE	**338 000**	15	**Haltiatunturi**	**1 328**	**2 521**	**1 100**
FRANCE	**552 000**	16	**Mont Blanc**	**4 810**	**2 970**	**5 500**
GÉORGIE	70 000	17	Kazbek	047	1 500	300
GRÈCE	**132 000**	18	**Mont Olympe**	**2 917**	**1 180**	**15 000**
HONGRIE	**93 000**	19	**Mont Kekes**	**1 015**	**2 242**	**0**
IRLANDE	**70 200**	20	**Carrantuohill**	**1 040**	**483**	**3 170**
ISLANDE	103 000	21	Oraefajökull	2 119	0	6 000
ITALIE	**301 300**	22	**Mt Blanc de Courmayeur**	**4 765**	**1 866**	**8 500**
LETTONIE	**65 000**	23	**Gaizinakalns**	**311**	**1 150**	**530**
LIECHTENSTEIN	160	24	Grauspitz	2 599	76	0
LITUANIE	**65 000**	25	**Kruopine**	**284**	**1 280**	**100**
LUXEMBOURG	**2 590**	26	**Bourgplatz**	**559**	**356**	**0**
MACÉDOINE	26 000	27	Golem Korab	2 753	750	0
MALTE	**315**	28	**Rabat**	**253**	**0**	**137**
MOLDAVIE	34 000	29	Balaneshty	430	1 390	0
MONACO	2	30	Chemin des Révoires	161	4,5	5,2
MONTÉNÉGRO	13 812	31	Durmitor	2 522	*	200
NORVÈGE (2)	324 000	32	Galdhoppiggen	2 469	2 542	2 650
PAYS-BAS	**41 000**	33	**Vaalserberg**	**321**	**1 080**	**1 200**
POLOGNE	**323 000**	34	**Mont Rysy**	***2 499***	***3 538***	***524***
PORTUGAL	**92 000**	35	**Serra da Estrela**	**1 991**	**1 215**	**850**
ROUMANIE	**238 000**	36	**Moldoveanu**	2 543	3 182	234
ROYAUME-UNI	**244 000**	37	**Ben Nevis**	**1 343**	**483**	**3 100**
RUSSIE (3)	17 075 000	38	Elbrouz	5 642	19 900	37 700
SAINT-MARIN	61	39	Titano	749	70	0
SERBIE (4)	88 188	46	Djeravica	2 656	2 300	200
SLOVAQUIE	**49 000**	43	**Gerlakhovsky**	**2 655**	**1 355**	**0**
SLOVÉNIE	**20 000**	40	**Triglav**	**2 864**	**1 350**	**50**
SUÈDE	**450 000**	41	**Kebnekaise**	**2 117**	**1 340**	**2 390**
SUISSE	41 000	42	Pic Dufour (Mt Rose)	4 638	2 205	0
RÉP. TCHÈQUE	**79 000**	78	**Snezka**	**1 603**	**1 881**	**0**
UKRAINE	604 000	44	Hoveria	2 058	1 890	2 800
VATICAN	0,44	45	Place St-Pierre	20	0,46	0

(1) Ex-Biélorussie.
(2) 21 347 avec les fjords.
(3) Partie européenne.
(4) SERBIE : Serbie, Kosovo, Voïvodine.

* Pas de données disponibles

En gras romain : pays de l'Union Européenne au 01.01.2008
Chypre : voir aussi pp 16-17

Quelques records européens

Les plus grandes îles (km²)
47. Grande-Bretagne : 228 273 [**6** G5]
48. Islande : 102 950 [**6** D3]
49. Irlande : 84 000 [**6** F5]

Les plus hauts sommets (m)
50. Elbrouz (Russie) :5642 [**7** P7]
51. Mont Blanc (Fra.) : 4810 [**6** I6]
52. Pic Dufour (Mt Rose) (Sui.) :4638 [**6** I6]

Les plus grands lacs (km²)
53. Lac Ladoga (Russie) :18130 [**6** N3]
54. Lac Onega (Russie) : 9900 [**7** O3]
55. Lac Vänern (Sué.) : 5546 [**6** J4]

Les plus grands fleuves (km)
56. Volga (Russie) : 3690 [**7** Q6]
57. Danube (divers) : 2839 [**6** M7]
58. Dniepr (Ukraine) : 2253 [**7** N5]

Les plus grandes chutes d'eau (m)
59. Mongefossen (Norv.) : 774 [**6** I3]
60. Mardola Foss (Norv.) : 657 [**6** I3]
61. Tyssertiengane (Norv.) : 646 [**6** I3]

Les cols les plus hauts (m)
62. Col d'Hérens (Sui.) : 3480 [**6** I6]
63. Col du Géant (Fra.) : 3362 [**6** I6]
64. Col de l'Iseran (Fra.) : 2762 [**6** I6]

Lieu le plus froid
65. Oust-Chougor (Russie) : - 55°C [**7** S5]

Lieu le plus chaud
66. Séville (Esp.) : 51°C [**6** F8]

Lieu le plus sec
67. Astrakhan (Russie) : 160 mm * [**7** Q6]

Lieu le plus arrosé
68. Crkvice (Croatie) : 4650 mm * [**6** K7]

Lieu le plus au Nord **
69. Cap Nord (Norv.) : 71°11' N [**6** M1]

Lieu le plus au Sud **
70. Pointe Marroqui (Esp.) : 36°N [**6** F8]

Lieu le plus à l'Ouest **
71. Cap de Roca (Port.) : 9°31' W [**6** F8]

Volcan le plus haut (m)
72. Etna (Ital.) : 3345 [**6** J8]

Lieu le plus bas (dépression)
73. Astrakhan (Russie) : - 22 m [**7** Q6]

Le plus grand nombre de lacs
74. 96 000 (Suède) [**6** K4]

Falaise la plus haute (m)
75. Iles Féroé (Dan.) : 600 m [**6** F3]

Le plus grand glacier (km²)
76. Vatnajökull (Isl.) : 8500 [**6** D3]

* Précipitations annuelles moyennes
** Europe continentale

L'EUROPE POLITIQUE

Agglo. de plus de 3 000 000 d'habitants
Agglo. de 1 000 000 à 3 000 000 d'habitants
Agglo. de 500 000 à 1 000 000 d'habitants
Agglo. de moins de 500 000 habitants

Limite d'État souverain

Capitales d'État

Le Kosovo qui a déclaré son indépendance le 17 février 2008 n'a pas été reconnu par l'ensemble de la communauté internationale

Entrée de la Bulgarie et de la Roumanie dans l'Union Européenne le 01.01.2007

Limite de l'Europe politique

Limite de l'Union Européenne

	Population (estimation 2005)	Capitale	Population de la capitale (aglomération : 2005)	PNB par hab. (2005) en euros
ALBANIE	3 200 000	Tirana	600 000	1 990
ALLEMAGNE	**82 600 000**	**Berlin**	**3 600 000**	**26 600**
ANDORRE	80 000	Andorre-la-Vieille	25 000	15 500
ARMÉNIE	3 800 000	Erevan	1 480 000	1 140
AUTRICHE	**8 200 000**	**Vienne**	**1 700 000**	**28 500**
AZERBAÏDJAN	8 300 000	Bakou	2 000 000	960
BÉLARUS (1)	10 300 000	Minsk	1 900 000	2 150
BELGIQUE	**10 400 000**	**Bruxelles**	**1 100 000**	**27 500**
BOSNIE-HERZÉGOVINE	4 070 000	Sarajevo	700 000	1 900
BULGARIE	**7 800 000**	**Sofia**	**1 290 000**	**2 700**
CHYPRE	**900 000**	**Nicosie**	**210 000**	**13 300**
CROATIE	4 700 000	Zagreb	1 100 000	6 200
DANEMARK	**5 400 000**	**Copenhague**	**1 395 000**	**36 500**
ESPAGNE	**42 500 000**	**Madrid**	**3 400 000**	**19 500**
ESTONIE	**1 520 000**	**Tallinn**	**500 000**	**7 000**
FINLANDE	**5 250 000**	**Helsinki**	**940 000**	**28 800**
FRANCE	**60 200 000**	**Paris**	**11 200 000**	**26 800**
GÉORGIE	5 300 000	Tbilissi	1 550 000	1 040
GRÈCE	**11 150 000**	**Athènes**	**3 800 000**	**15 200**
HONGRIE	**10 100 000**	**Budapest**	**2 400 000**	**7 800**
IRLANDE	**4 250 000**	**Dublin**	**900 000**	**30 900**
ISLANDE	295 000	Reykjavik	160 000	35 700
ITALIE	**58 750 000**	**Rome**	**2 950 000**	**23 100**
LETTONIE	**2 300 000**	**Riga**	**945 000**	**5 200**
LIECHTENSTEIN	33 000	Vaduz	5 200	30 900
LITUANIE	**3 500 000**	**Vilnius**	**640 500**	**5 500**
LUXEMBOURG	**500 000**	**Luxembourg**	**122 000**	**50 500**
MACÉDOINE	2 050 000	Skopjé	500 300	2 200
MALTE	**400 000**	**La Valette**	**20 200**	**10 500**
MOLDAVIE	4 300 000	Chisinau	760 000	680
MONACO	34 000	Monaco	1 234	26 700
MONTÉNÉGRO	730 000	Podgorica	170 000	2 500
NORVÈGE	4 600 000	Oslo	600 100	45 900
PAYS-BAS	**16 300 000**	**Amsterdam**	**1 250 000**	**28 200**
POLOGNE	**36 800 000**	**Varsovie**	**2 100 100**	**5 500**
PORTUGAL	**10 500 000**	**Lisbonne**	**2 300 500**	**12 500**
ROUMANIE	**22 500 000**	**Bucarest**	**2 400 000**	**3 000**
ROYAUME-UNI	**60 200 000**	**Londres**	**7 500 000**	**29 000**
RUSSIE (2)	143 000 000	Moscou	11 500 000	3 500
SAINT-MARIN	27 000	St-Marin	4 500	11 400
SERBIE (4)	10 100 000	Belgrade	1 700 000	2 500
SLOVAQUIE	**5 400 000**	**Bratislava**	**500 000**	**6 200**
SLOVÉNIE	**2 010 000**	**Ljubljana**	**324 000**	**13 500**
SUÈDE	**9 100 000**	**Stockholm**	**780 000**	**31 600**
SUISSE	7 500 000	Berne	335 000	42 300
RÉP. TCHÈQUE	**10 300 000**	**Prague**	**1 300 000**	**8 300**
UKRAINE	46 800 000	Kiev	2 700 000	1 200
VATICAN	920	Vatican	920	-

(1) Ex-Biélorussie.
(2) Partie européenne.
(4) SERBIE : Serbie, Kosovo, Voïvodine.

En gras romain : pays de l'Union Européenne au 01.01.2008
Chypre : voir aussi pp 16-17

Quelques records européens

Les plus longs tunnels routiers (km)

1. Laerdal (Norv.) : 24,5 [8 I3]
2. St-Gothard (Sui.) : 16,9 [8 I6]
3. Arlberg (Autr.) : 13,9 [8 J6]

Les plus longs tunnels ferroviaires (km)

4. Tunnel sous la Manche (Fra. R.-U.)(1) : 50,5 [8 H5]
5. Simplon (Sui.-Ital.) : 19,8 [8 I6]
6. Vereina (Suisse) : 19,5 [8 I6]

Les plus longs ponts routiers (km)

7. Sur le Tage à Lisbonne (Port.)(2) 12,3 [8 F8]
8. Pont de l'Oresund (entre le Dan. et la Suède) : 7,8 [8 J4]
9. Pont du Storebaelt (Dan.) : 6,8 [8 H5]

Les plus longs réseaux fluviaux navigables (km) (2000)

10. France : 8501 [8 H6]
11. Allemagne : 7 339 [8 J5]
12. Finlande : 6 120 [8 M3]

Les plus grands ports maritimes (millions de tonnes) (2002)

13. Rotterdam (P.-B.) : 322,1 [8 H5]
14. Anvers (Belg.) :131,6 [8 H5]
15. Marseille (Fra.): 92,3 [8 I7]

Les métros les plus longs (km) (2002)

16. Londres : 430 [8 G5]
17. Moscou : 270 [9 O4]
18. Paris :212 [8 H6]

Le plus haut chemin de fer (m)

19. Kleine Scheidegg - Jungfraujoch (Sui.) : 3454 [8 I6]

Le village le plus élevé (m)

20. St-Véran (Fra.) : 2200 [8 I7]

La ville la plus au Nord

21. Hammerfest (Norv.) : 70°39'N [8 L1]

Le pont le plus haut (m)

22. Viaduc de Millau (Fra.) : 270 m. [8 H7]

La plus longue travée de pont suspendu (m)

23. Storebaelt (Dan.) : 1 624 [8 G5]

Le plus haut jet d'eau (m)

24. Genève (Sui.) : 130 [8 I6]

Superficie de l'Europe : 10 245 000 km²
Population de l'Europe : 728 000 000 hab.

(1) Ouvert depuis le 6 mai 1994
(2) Ouvert depuis le 29 mars 1998

Superficie de l'Europe des vingt-sept au 01.01.2007 : 4 376 780 000 km²
Population de l'Europe des vingt-Sept au 01.01.2007 : 494 300 000

Indépendance du Monténégro voir pp 13 et 15

LES ÎLES BRITANNIQUES

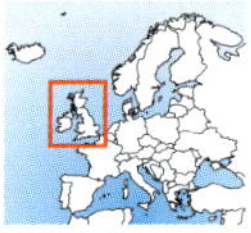

Profondeur (en m)
- 200 | - 100 | 0

0 | 100 | 200 Km

□ Agglo. de plus de 1 000 000 d'habitants
○ Agglo. de 500 000 à 1 000 000 d'habitants
○ Agglo. de 100 000 à 500 000 d'habitants
○ Agglo. de moins de 100 000 habitants
■● Capitale d'État
● Capitale ou chef-lieu d'entité administrative
Route importante
Chemin de fer important
Limite d'État souverain
Limite d'entité administrative

ROYAUME-UNI ET ULSTER : • Début des troubles en Irlande du Nord et du terrorisme de l'I.R.A. [1968] • En Ulster, cessez-le-feu du Sinn Féin (branche politique de l'IRA), puis des groupes para-militaires loyalistes [1994] Début des pourparlers officiels entre Londres et l'IRA sur la paix et sur une éventuelle réunification. • Accord de paix historique entre les partis catholiques et protestants signé à Belfast le 04.1998 [3 000 morts depuis 1969]. Référendum en Irlande (Rép. et Ulster) sur l'accord de paix : le oui l'emporte [05.1998] • Mise en place d'un gouvernement pluriel [11.1999] • L'IRA abandonne la lutte armée [07.2005] • Mort de la reine mère Elisabeth, «Queen Mum» le 30.03.2002 à 101 ans • Reprise du processus de paix en Irlande-du-N.[01.2007] • Gordon Brown remplace Tony Blair au poste de Premier ministre [06.2007]

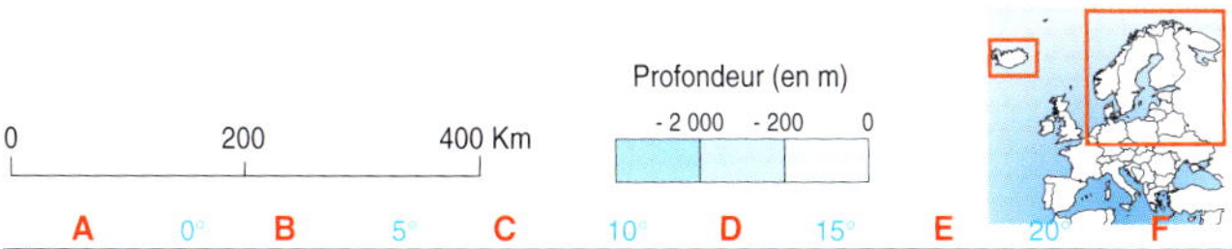

LA SCANDINAVIE, L'ISLANDE ET LES PAYS BALTES

POLOGNE : • Début des grèves aux chantiers de Gdansk [1980] • Le général Jaruzelski devient chef de l'Etat [1981] • Lech Walesa obtient le prix Nobel de la Paix [1983] Jaruzelski commence à négocier avec Walesa et Solidarité [07.1989] • Tadeusz Mazowiecki (Solidarité) devient Premier ministre du premier gouvernement non communiste d'Europe de l'Est [1989] • Lech Walesa élu président de la République [1990] • Premières élections législatives entièrement libres le 27.11.1991• Victoire des communistes aux législatives le 19.09.1993 • Entrée dans l'Union Européenne [05.2004] • [illegible] Lech Kaczynski président de la République • 11.2007 [illegible] Tusk, Premier ministre (remplace Jaroslaw K[illegible])

LETTONIE : • M. Valdic Zatlers, élu président de la République en mai 2007. **SUÈDE-FINLANDE :** • Intègrent officiellement l'Union Européenne le 01.01.1995. **PAYS BALTES :** • Indépendance de la Lituanie, de l'Estonie et de la [illegible] proclamée en mars 1990, [illegible] en août 1991 et reconnue par la communauté [illegible] [illegible] Entrée dans l'Union Européenne le 01.05.2004. **DANEMARK :** • Ouverture du pont-tunnel de l'Öresund le 07.07.2000

L'EUROPE OCCIDENTALE ET CENTRALE

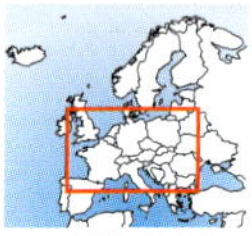

Profondeur (en m)

- 200 0

0 100 200 km

(Légende : voir p 10)

BELGIQUE : • Transformation du royaume en un État fédéral composé de la Wallonie, de la Flandre et de Bruxelles [1993] • Mort du roi Baudouin Ier [1993] . Albert II (Albert de Liège), son frère, prend la succession le 09.08.1993 • Le leader démocrate chrétien flamnand, Yves Leterme, nouveau Premier ministre ne peut pas gouverner, faute d'une majorité • Grave crise identitaire dans le pays au bord de l'éclatement

EX-YOUGOSLAVIE : • Mort de Tito [1980] • ***Eclatement de l'État fédéral*** • Indépendance de la Slovénie et de la Croatie (1990) • Guerre civile entre Serbes et Croates (1991), puis entre Serbes, Bosniaques et musulmans (1992-1995) • Indépendance de la Bosnie-Herzégovine (1992) • Indépendance de La Macédoine [1991] • 1992, constitution de la ***République Fédérale de Yougoslavie*** (Serbie-Monténégro) • Reddition de Slobodan Milosevic (10.2000). Vojislav Kostunica, président de la République (12.2000). 04.2001 : Milosevic arrêté et transferré aux Pays-Bas pour être jugé de crime contre l'humanité et génocide (02.2002 : début du procès). 11.03.2006 : mort de Milosevic en prison.

LEMAGNE-EX-R.D.A. : • E. Honecker devient chef de l'Etat le 29.10.76 • Début des contestations en juin 1988 • Début de l'exode des Allemands de l'Est vers la R.F.A. et la Hongrie (ouverture du rideau de er) [Août 1989] • Ouverture des frontières et dislocation du Mur de Berlin le 09.11.1989 • Traité d'unification signé à Berlin le 31.08.1990 • Réunification officielle le 03.10.1990. • Erich Honecker s'exile au Chili rès l'ajournement de son procès pour raison de santé • Violences racistes depuis 1992 • Mort de Willy Brandt le 08.10.1992 • Mort d'Honecker le 29.05.1994. Angela Merkel devient chancelière [11-2005] **EX-CHÉCOSLOVAQUIE :** • Printemps de Prague [Avril 1968] • Jan Palach s'immole par le feu sur la place Venceslas le 16.01.1969 • Signature par des opposants de la « Charte 1977 » (dont Vaclav Havel) • Début la « Révolution de Velours » et constitution du Forum Civique avec Vaclav Havel le 19.11.1989 • Vaclav Havel élu président de la République le 29.12.1989 et formation d'un gouvernement pluraliste • Mort Alexandre Dubcek le 07.11.1992 • La partition du pays, décidée le 22.07.1992 est effective depuis le 01.01.1993 (« Divorce de velours »). **FRANCE** • Mort de François Mitterrand le 08.01.1996 • Jacques hirac réélu président de la République le 05.05.2002 • Nicolas Sarkozy est élu président de la République le 06.05.2007 • François Fillon est nommé Premier ministre.

SNIE-HERZÉGOVINE : • « Purification ethnique » entreprise par les Serbes • Déploiement des casques bleus de l'ONU [06.992] • Conférence de la Paix à Genève [01.1993] • Mise en place d'un embargo par l'UEO et l'OTAN .1993] • 1993-1994 : plans de découpage régional de la Bosnie proposés par l'UE et l'ONU • Cessez-le-Feu général le 12.10.1995 • Signature des « accords de Dayton » le 21.11.1995 et mise en place d'une force terposition de l'OTAN (IFOR) depuis le 03.12.1995 qui remplace la FORPRONU • 2 entités « régionales » coexistent : la Fédération croato-musulmane (51% du territoire et la République des Serbes de Bosnie %) • **YOUGOSLAVIE (*KOSOVO*) :** • intervention de l'armée serbe contre la guérilla indépendantiste albanaise (UCK) [03.1998] • Echec des Pourparlers de paix à Rambouillet [02.1999] • Début de l'intervention armée de TAN (raids aériens) [03.1999] • Exode des Kosovars (710 000 depuis mars 1998 selon le HCR au 24.04.1999) • Mise en place par l'ONU d'une structure de paix et d'administration dirigée par B Kouchner le 15.12.1999 [illegible] gova est élu président de la République le 04.03.02 • 11.2005 : début des discussions pour définir le futur statut du [illegible] janvier 2006 : mort de Rugova. Fatmir [illegible] lui succéder **MONTÉNÉGRO**. le pays sépare de la Serbie et vote son indépendance après référendum le 21.05.2006 **HONGRIE :** • Fin du rideau de Fer hongrois [illegible] victoire du Forum démocratique aux élections et poursuite de la démocratisation.

LA PÉNINSULE IBÉRIQUE

Profondeur (en m)

- 2 000 - 200 0

0 100 200 Km

EXPO' 92 : L'Exposition universelle de **Séville** a eu lieu du 20.04.1992 au 12.10.1992. Budget : 225 milliards de pesetas. 112 pavillons. 25 000 employés. 15,5 millions de visiteurs payants dont 1 050 000 Français, 900 000 Portugais, 300 000 Italiens, 280 000 Nord-Américains. Record d'affluence : le samedi 3 octobre 1992 : 629 000 visiteurs.
EXPO 98 : L'Exposition universelle de **Lisbonne** a eu lieu du 22 mai au 30 septembre 1998. Le thème en était : «L'océan, un patrimoine pour le futur». 140 pays furent représentés sur 70 ha situés sur les bords du Tage.

- Agglo. de plus de 1 000 000 d'habitants
- Agglo. de 500 000 à 1 000 000 d'habitants
- Agglo. de 100 000 à 500 000 d'habitants
- Agglo. de moins de 100 000 habitants
- Capitale d'État
- Capitale ou chef-lieu d'entité administrative
- Route importante
- Chemin de fer important
- Limite d'État souverain
- Limite d'entité administrative

PORTUGAL : • Mario Soares est élu président de la République le 16.02.1986 (premier président civil depuis 60 ans) • Jorge Sampaio remplace M. Soares à la tête de l'État le 14.01.1996. Inauguration le 29.03.1998 du pont Vasco de Gama sur le Tage (le plus long d'Europe : 12 km) José Socrates devient président [03-05] et Anibal Cavaco Silva nommé Premier ministre [01-2006] **ESPAGNE :** • Mort de Franco le 20.11.1975. Le roi Juan Carlos Ier entreprend la démocratisation du régime, aidé notamment par le gouvernement socialiste de Felipe Gonzalez • Terrorisme basque (2000-2001) • José Luis Zapatero devient Premier ministre en 04.2004.

L'EUROPE MÉRIDIONALE

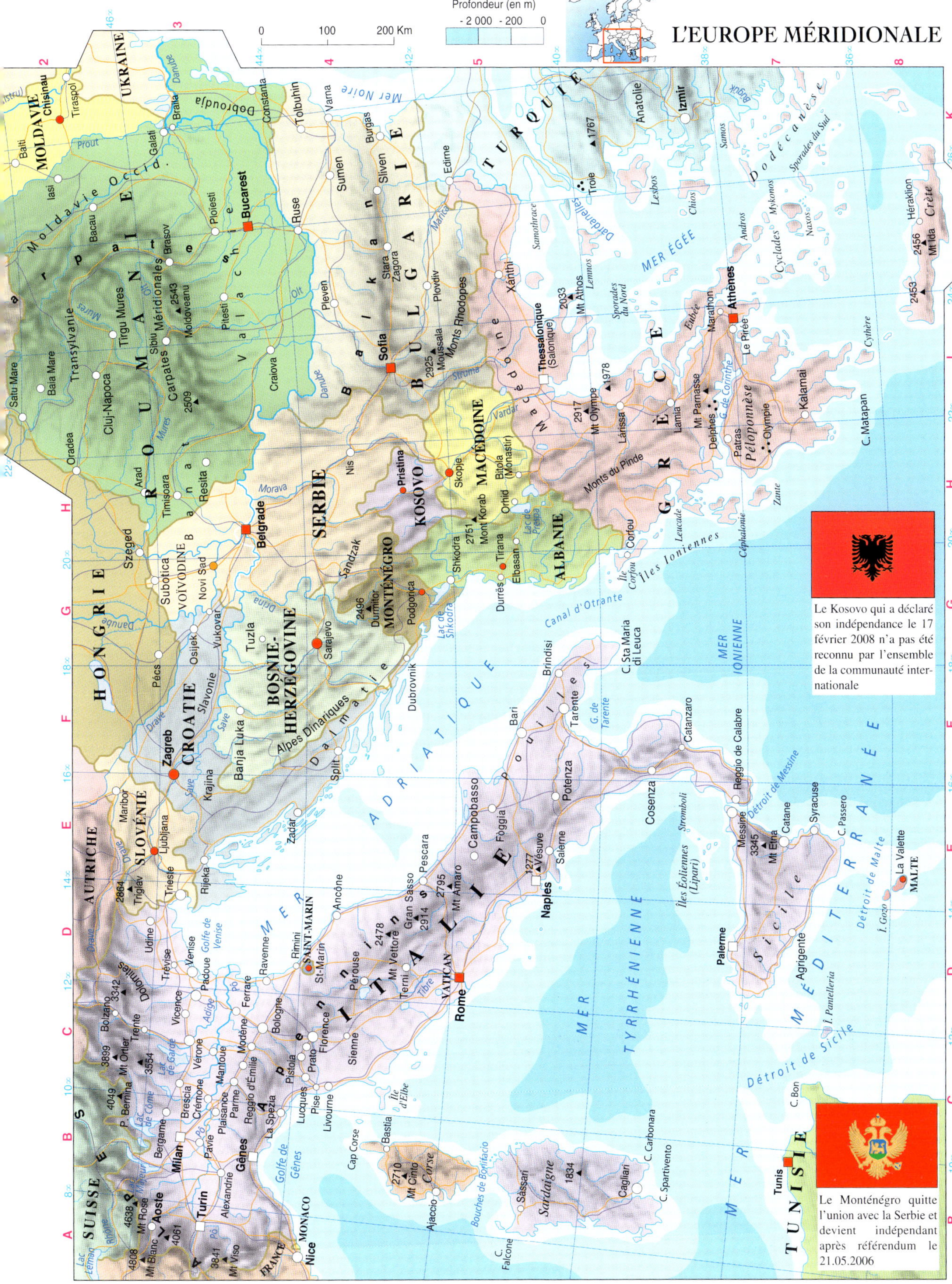

Le Kosovo qui a déclaré son indépendance le 17 février 2008 n'a pas été reconnu par l'ensemble de la communauté internationale

Le Monténégro quitte l'union avec la Serbie et devient indépendant après référendum le 21.05.2006

ALBANIE : • Mort d'Enver Hoxha (04.1985). Ramiz Alia devient chef d'Etat • Libéralisation et multipartisme depuis 12.1990 • Premières élections libres multipartites en 03.1991 • Insurrection dans le sud du pays en 03.1997. Départ de nombreux Albanais vers l'Italie. Envoi d'une force multinationale (opération Alba) sous mandat de l'ONU (du 04.1997 au 08.1997) . **BULGARIE :** • Démission de Todor Jivkov et début de la libéralisation en 11.1989 • Petar Stoïanov (non communiste) élu président de la République le 03.11.1996. **GRÈCE :** • Fin de la dictature des Colonels avec l'élection de Constantin Karamanlis (05.1985) • Mort d'Andréas Papandréou le 22.06.1996. **ROUMANIE :** • En décembre [illegible], le [illegible] refuse d'obéir à une mutation. Un mouvement de protestation s'étend dans tout le pays • Le [illegible] du Front de Salut National renverse et condamne à mort le dictateur Nicolae [illegible] Réélection de Ion Iliescu à la présidence de la République le 10.12.2000. **ITALIE :** • Oscar Luigi [illegible] président de la République le 5.05.92, puis Carlo Azeglio Ciampi le 13.05.99 • Arrestation du chef présumé [illegible] . Salvatore Riina le 15.01.1993 • Romano Prodi nommé chef du gouvernement en mai 2006.

L'ASIE PHYSIQUE

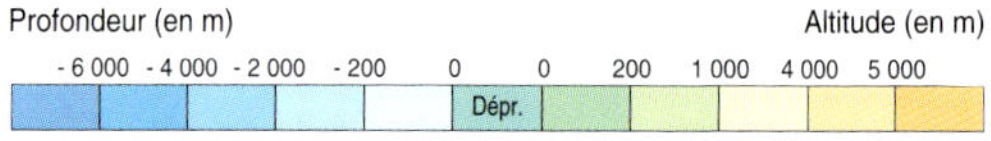

	Superficie (km²)	Point culminant (m)		Climat	Température (d°) mini (hiver)	maxi (été)
AFGHANISTAN	652 000	Naoshakh	7 485	Continental	- 46	50
ARABIE SAOUDITE	2 150 000	Dj. Al-Hijaz	3 133	Continental-désertique	8	48
BAHREÏN	700	Dj. Ad-Du Khar	135	Chaud et humide	14	38
BANGLA DESH	144 000	Keskradang	1 053	Tropical humide	13	31
BHOUTAN	47 000	Kulakangri	7 554	Tempéré	4	17
BIRMANIE (MYANMAR)	676 600	Hkakabo Razi	5 881	Tropical humide	18	40
BRUNEI	5 800	Pagonprick	1 850	Tropical humide	24	30
CAMBODGE	181 000	Mt Aural	1 813	Tropical humide	27	27
CHINE	9 596 000	Éverest	8 850	Médit. - contin.	- 20	37
CHYPRE *	9 200	Mt Olympe	1 953	Méditerranéen	5	37
CORÉE DU NORD	120 500	Paik Tou San	2 750	Tempéré-continental	- 8	27
CORÉE DU SUD	99 400	Mt Hanla	1 950	Tempéré-continental	- 9	35
ÉMIRATS ARABES UNIS	83 600	Mt Hajar	2 080	Continental-désertique	12	49
INDE	3 290 000	Kanchenjunga	8 598	Tropical	- 4	50
INDONÉSIE	1 905 000	Puncak Jaya	5 030	Tropical	23	33
IRAN	648 000	Damâvand	5 671	Continental	- 20	40
IRAQ	438 000	Hasar Roste	3 607	Subtropical	4	50
ISRAËL	20 300	Mt Hermon	2 810	Méditerranéen	5	31
JAPON	377 500	Mt Fuji	3 776	Tempéré	- 2	30
JORDANIE	89 000	Djebel Rom	1 754	Méditerranéen	4	40
KAZAKHSTAN	2 717 000	Pic Khan Tengri	6 995	Continental	- 10	30
KIRGHIZIE	198 500	Pic Pobedy	7 439	Continental	- 20	28
KOWEÏT	17 800	Jal-Al Zour	241	Désertique	- 6	50

	Superficie (km²)	Point culminant (m)		Climat	Température (d°) mini (hiver)	maxi (été)
LAOS	236 800	Pou Bia	2 850	Tropical	10	35
LIBAN	10 400	Al-Qurna al Sawda	3 090	Méditerranéen	11	32
MALAISIE	330 000	Gunung Kinabalu	4 044	Tropical	21	32
MALDIVES	298	*Récifs coraliens*	4	Tropical	25	29
MONGOLIE	1 565 000	P. du Tavan Bogd	4 374	Continental	- 40	35
NÉPAL	140 000	Everest	8 850	Continental	- 2	29
OMAN	212 500	Jabal al-Akhdar	3 075	Continental-désert.	12	45
OUZBÉKISTAN	447 000	Mt Hissar	4 643	Continental	- 10	40
PAKISTAN	800 000	K 2	8 611	Subtropical	13	40
PHILIPPINES	300 500	Mt Apo	2 955	Tropical	21	34
QATAR	11 400	Qurayn Aba al-Bawl	105	Chaud et sec	20	49
RUSSIE	17 075 000	Elbrouz	5 642	Continental	- 45	30
SINGAPOUR	620	Bukit Timak P.	177	Équatorial	24	32
SRI LANKA	65 600	Piturutalagala	2 530	Tropical	10	31
SYRIE	184 000	Mt-Hermon	2 810	Méditerranéen	0	45
TADJIKISTAN	143 100	Pic Samoni	7 495	Continental	- 20	20
TAÏWAN	36 000	Yushan	3 997	Subtropical	12	33
THAÏLANDE	514 000	Doi Inthanon	2 590	Tropical	20	35
TIMOR-ORIENTAL*	19 000	Tata Mailau	2 960	Tropical	23	33
TURKMÉNISTAN	488 100	Gora Chapan	2 889	Continental	- 10	30
TURQUIE	780 000	Mt Ararat	5 165	Méditerranéen	- 10	31
VIETNAM	331 000	Fan Si Pan	3 143	Tropical	17	36
YÉMEN	485 000	Dj. Nabi Shuayb	3 760	Chaud et sec	14	29

* Chypre : voir aussi pp 7 et 9

* Indépendant depuis le 20 mai 2002

L'ASIE POLITIQUE

0 1 000 2 000 Km

- Agglo. de plus de 3 000 000 d'habitants
- Agglo. de 1 000 000 à 3 000 000 d'habitants
- Agglo. de 500 000 à 1 000 000 d'habitants
- Agglo. de moins de 500 000 habitants

Limite d'État souverain

Capitales d'État

	Population (estimation 2005)	Capitale	Pop. de la capitale (agglo. 2005)	PNB par hab. (2005) en €	Espérance de vie Femmes	Espérance de vie Hommes
AFGHANISTAN	30 000 000	Kaboul	2 000 000	160	46	44
ARABIE SAOUDITE	25 100 000	Riyad	1 900 000	8 600	69	66
BAHREÏN	720 000	Manama	200 000	10 500	75	70
BANGLA DESH	145 000 000	Dacca	8 000 000	350	59	59
BHOUTAN	2 100 000	Thimphu	45 000	640	66	66
BIRMANIE (MYANMAR)	50 100 000	Naypyitaw (2)	60 000	1 500	57	60
BRUNEI	370 000	Bandar Seri Begawan	85 000	16 900	73	77
CAMBODGE	13 300 000	Phnom Penh	1 000 000	280	58	54
CHINE	1 310 000 000	Beijing (Pékin)	11 150 000	1 270	73	69
CHYPRE **	900 000	Nicosie (Lefkosie)	198 000	13 300	79	75
CORÉE DU NORD	23 000 000	Pyongyang	2 500 000	405	74	68
CORÉE DU SUD	49 000 000	Séoul	11 000 000	11 600	78	71
ÉMIRATS ARABES UNIS	4 200 000	Aboû Dabî	1 000 000	18 000	76	71
INDE	1 100 000 000	New Delhi	11 500 000	525	61	60
INDONÉSIE	225 000 000	Jakarta	12 000 000	950	70	65
IRAN	71 000 000	Téhéran	8 000 000	2 020	71	69
IRAQ	25 900 000	Bagdad	5 400 000	450	60	58
ISRAËL	7 100 000	Jérusalem	650 000	13 600	80	76
JAPON	127 600 000	Tokyo	28 800 000	28 460	84	77
JORDANIE	5 800 000	Amman	2 300 000	1 825	73	70
KAZAKHSTAN	16 000 000	Astana (1)	450 000	2 140	73	64
KIRGHIZIE	5 100 000	Bichkek (ex-Frounzé)	900 000	320	73	65
KOWEÏT	2 600 000	Koweït City	800 000	17 520	73	65
LAOS	5 800 000	Vientiane	730 000	320	51	54
LIBAN	4 000 000	Beyrouth	1 500 000	4 500	73	68
MALAISIE	26 000 000	Kuala Lumpur	3 000 000	3 620	75	70
MALDIVES	300 000	Malé	64 000	1 750	65	62
MONGOLIE	2 700 000	Oulan Bator	860 000	500	63	65
NÉPAL	26 500 000	Katmandou	1 000 000	200	58	57
OMAN	2 700 000	Mascate	420 000	6 620	69	73
OUZBÉKISTAN	26 500 000	Tachkent	2 500 000	380	68	73
PAKISTAN	164 000 000	Islamabad	1 100 000	500	60	61
PHILIPPINES	85 000 000	Manille	12 500 000	950	64	70
QATAR	770 000	Doha	400 000	17 200	69	74
RUSSIE **	144 000 000	Moscou	11 500 000	3 500	72	59
SINGAPOUR	4 500 000	Singapour	2 700 000	20 075	76	80
SRI LANKA	19 600 000	Colombo	3 700 000	850	70	74
SYRIE	19 000 000	Damas	3 500 000	1 000	75	70
TADJIKISTAN	6 800 000	Douchambe	750 000	240	67	72
TAÏWAN	22 600 000	Taipei	8 000 000	9 300	72	78
THAÏLANDE	65 000 000	Bangkok	9 000 000	2 000	70	75
TIMOR-ORIENTAL*	1 000 000	Dili	200 000	550	47	48
TURKMÉNISTAN	5 250 000	Achgabat	550 000	970	63	70
TURQUIE	73 000 000	Ankara	3 000 000	3 440	68	72
VIETNAM	84 000 000	Hanoi	3 000 000	450	67	72
YÉMEN	20 800 000	Sanaa	1 000 000	450	67	72

** Chypre et Russie : voir aussi pp 7 et 9

(1) Depuis décembre 1997
(2) Depuis novembre 2005

* Indépendant depuis le 20 mai 2002

L'EUROPE ORIENTALE ET LA CEI

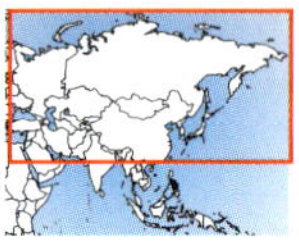

Profondeur (en m)

- 2 000 - 200 0

0 500 1 000 K

Agglo. de plus de 1 000 000 d'habitants
Agglo. de 500 000 à 1 000 000 d'habitants
Agglo. de 100 000 à 500 000 d'habitants
Agglo. de moins de 100 000 habitants
Capitale d'État
Capitale ou chef-lieu d'entité administrative

Route importante
Chemin de fer important
Limite d'État souverain
Limite d'entité administrative

RUSSIE : démission du président de la République, Boris Eltsine le 31.12.1999 • Vladimir Poutine désigné Premier ministre le 05.08.1999, puis élu président de la République le 07.05.2000. Premier ministre : Mikhaïl Fradkov depuis 03.2004 • Mort de Boris Eltsine le 23.04.07

C.E.I. : adhérents en 1997 : Bélarus, Ukraine, Moldavie, Kazakhsta Russie, Arménie, Azerbaïdjan, Ouzbékistan, Turkménistan, Kirghizi Tadjikistan et Géorgie . **CONFLITS ET TENSIONS DEPUIS 1991** ***CONFLITS TERMINÉS*** : • ***Moldavie*** (entre les Moldaves et les rép bliques autoproclamées du Dniestr (Transnistrie) et de Gagaouz • ***Tchétchéno-Ingouchie*** (sécession de la Tchéchénie en 06.199

MONGOLIE : • Élections et échec des communistes le 31.06.1996. **EX-URSS-CEI :** • Début des bouleversements avec l'arrivée au pouvoir de Mikhail Gorbatchev en mars 1985 • Rappel d'exil d'Andrei Sakharov (12.1986) Instauration de la Perestroïka (restructuration), de la Glasnost (transparence), transition vers l'économie de marché, désarmement avec les Etats-Unis et désengagement des troupes soviétiques d'Afghanistan [1985 - 1990] • Amplification des revendications nationalistes et des conflits inter-ethniques dans les pays baltes et dans le Caucase [1988 - 1989] • Gorbatchev obtient le prix Nobel de la Paix le 15.10.1990 • Déclaration d'indépendance des Républiques baltes : Lituanie, Lettonie et Estonie le 11.03.1990 • Boris Elstine élu président de la république de Russie le 12.06.1991. Putsch raté le 19.08.1991 • Indépendance effective de la plupart des républiques soviétiques • Fondation de la Communauté des Etats Indépendants (C.E.I.) avec 11 ex-républiques à Alma-Ata le 21.12.1991 • Démission de Gorbatchev le 25.12.1991 • Reconnaissance par la communauté internationale des nouveaux Etats et de la C.E.I.

Ossétie du Sud (cherchait à se détacher de la Géorgie pour se rattacher à l'Ossétie du Nord) • ***Abkhazie*** (cherchait à se séparer de la Géorgie. Accord de paix signé le 15.08.1997) • ***Arménie et Azerbaïdjan*** (conflits pour le contrôle du Haut-Karabakh et du Nakitchevan) • ***Ukraine et Russie*** (tensions pour le contrôle de la Crimée. • ***Guerre civile en Tchétchénie*** : indépendance autoproclamée le 01.11.91. Entrée des chars russes 11.10.94) • Cessez-le-feu signé le 07.05.1996. Les Russes relancent les hostilités le 10.07.1996. Accord de paix [05.1997]. Bilan de 2 ans de guerre : 80 000 morts. Reprise des combats [10.99] Entrée des Russes à Grozny le 15.12.1999 • ***Tadjikistan*** : confrontations entre néocommunistes et Tadjiks opposants (accord de paix signé sous l'égide de l'ONU le 27.06.1997) • ***Kirghizie*** [03.2005] : « **révolution des tulipes** ». Akaiev est renversé. Kourmanbek Bakiev, nouveau président et Felix Koulov, Premier ministre • ***Géorgie*** [11.2003] « **révolution de la Rose** ».Chervarnadze est renversé04.01.2004 : Mikhaïl Saakachvili élu président • ***Ukraine*** [2004] **: « révolution orange »**. Leonid Koutchma demissionne. [23.01.2005] : Victor Iouchtchenko élu président de la République

L'ASIE MÉRIDIONALE

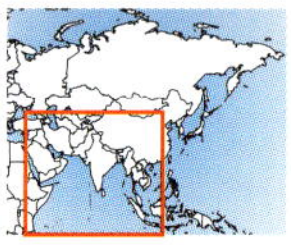

Profondeur (en m)

- 4 000 - 2 000 - 200 0

CHYPRE : • Échec du référendum de réunification le 24.04.2004 • La République de Chypre (partie grecque [sud]) intègre seule l'Union Européenne le 01.05.2004 **YEMEN :** • Réunification du Nord et du Sud-Yemen en 1990 • Guerre civile en 1994 Victoire des nordistes [07.1994] • Islamisation (1995) **INDE :** • Assassinat d Mahatma Gandhi en 1948, d'Indira Gandhi le en 1984 et de Rajiv Gandhi en 1991 Problèmes permanents des séparatistes en Inde : - Jammu et Cachemire, les Siks d Pendjab, l'Assam et les Tamouls • Tensions entre l'Inde et le Pakistan [2002-2007]

GUERRE DU GOLFE

• **CHRONOLOGIE :** L'Iraq envahit le Koweit le 02.08.1990 • Le 29.11.1990, l'ONU autorise le recours à la force pour rétablir la souveraineté du Koweit • Le 17.09.1991, début des hostilités (offensive sérieuse) avec l'opération « TEMPETE DU DÉSERT » • Reddition irakienne le 27.02.1991 et cessez-le-feu le 03.03.1991

• **BILAN :** • 588 000 soldats irakiens contre 700 000 pour la coalition composée de soldats des É.-U. (510 000), d'Arabie Saoudite, du Royaume-Uni, d'Égypte, de la Syrie, des pays du Golfe, etc. • 42 jours de bombardements aériens (du 17.01 au 28.02.1991) • 100 heures de combats terrestres (du 24.02 au 28.02.1991) • Pertes humaines : - IRAQ : 100 000 à 150 000 - COALITION : 253 (dont 115 Américains et 2 Français) • 532 puits de pétrole incendiés.

GUERRE EN IRAQ

La guerre menée par la coalition américo-britannique (du 20.03.2003 au 13.04.2003), a permis la chute du régime de Saddam Hussein. Une administration militaire provisoire a été mise en place. Un pouvoir civil irakien l'a remplacé : président : Jalal Talabani (depuis 04.05) ; Premier ministre : Nuri al-Maliki (depuis 04.06)

. **Pertes au 30-04-07** : 34 500 civils irakiens et 3 113 soldats américains

PALESTINE :

• Début de l'« Intifada » (soulèvement) en 1987 et de la « guerre des pierres » en 1988 • Signature au Caire de l'accord d'autonomie de Gaza-Jéricho entre l'OLP et Israël en 1994. (« Oslo I») Arafat prix Nobel de la Paix en 1994. Accord sur l'extension de l'autonomie à la Cisjordanie et signature de l'accord à Washington en 1995 (« Oslo II »). Arafat élu président de l'Autorité palestinienne en 1996. Nouveaux affrontements en 1997 • Tension extrême depuis avril 2001 (voir aussi p. 20) • Arafat est mis volontairement à l'écart (05.2003) • 2003 : construction d'un mur de sécurité autour des territoires palestiniens • Ahmed Qoreï, chef du gouvernement [09.2003]• Mort d'Arafat le 11.11.2004 à Paris • Mahmoud Abbas, nouveau président de l'Autorité palestinienne [01.2005] • 09.2005 : évacuation des colonies israéliennes de Gaza. 25.1.2006 : victoire du Hamas aux législatives des territoires palestiniens. Ismaïl Haniyeh nommé Premier ministre (29.03.2006) • Affrontements entre les milices du Hamas et du Fatah • Rencontre entre Palestiniens et Israéliens au Sommet d'Annapolis [11.2007]

(Légende de la carte : voir p. 22)

0 500 km

ISRAËL-PAYS ARABES : • Ouverture des discussions israélo-arabes à la Conférence de Paix de Madrid (1991) • Signature à Washington de l'accord d'autonomie de Gaza-Jérich entre l'OLP et Israël (1993) (voir aussi Palestine). Yasser Arafat, Yitzhak Rabin et Shimon Pérès prix Nobel de la Paix (1994). Rencontre entre le roi Hussein et Y.Rabin, puis traité d paix signé en 1994 mettant fin à 46 ans de guerre. Ouverture des discussions de paix entre la Syrie et Israël (1994). Assassinat de Yitzhak Rabin (1995). Shimon Péres lui succèd Israël prévoit un retrait du Liban-Sud en été 2000. Nouvelle intifada depuis la visite d'Ariel Sharon sur l'esplanade des Mosquées (2000). Victoire d'Ariel Sharon aux élections (200 Ariel Sharon victime d'un accident vasculaire cérébral (12.2005). Ehud Olmert, vainqueur des législatives israéliennes est nommé Premier ministre (03.2006) Bombardeme israéliens à Gaza (06-2006) **IRAQ :** • Guerres du Golfe en 1991 et 2003 (voir encadrés) • Persécution des Kurdes : 100 000 tués et 2 000 000 de réfugiés. Raids aériens des États-Unis en 19 et 1999. Saddam Hussein arrêté le 13.12.2003 . 2004-2005 : nombreux attentats et assassinats. Attaques contre des infrastructures pétrolières (2004) : transfert de souvera

RI LANKA : • Affrontements entre Tamouls et Cingalais. Guérilla et affrontements entre Tamouls et l'armée (1995-1997). Trêve signée le 22.02.02 **TIBET :** • Émeutes indépendantistes et répressions sanglantes Lhassa (10.1987 et 03.1989) • Les tibétains résistent depuis 1951 à l'assimilation chinoise • Le Dalaï Lama, prix Nobel de la Paix en 1989 • **BIRMANIE :** • Prix Nobel de la Paix à Mme Aung Sun Kyi en 1991. Les arens annoncent la fin de leur insurrection (03.1995) • **PAKISTAN :** • Affrontements avec l'Inde au Cachemire en 1997. Infiltrations pakistanaises en Inde début 1999 et combats au Cachemire [06.1999] Coup d'État l'armée le 12.10.1999 • **KURDISTAN :** • Un parlement est élu en 1992 au Kurdistan irakien • Combats entre l'armée turque et les séparatistes kurdes du PKK. Grande offensive de l'armée dans le Sud-Est du ays en 1995. Offensive en Irak du PDK et de l'armée irakienne contre le PKK (07.1996). Intervention des USA : opération « Nothern Watch » le 31.12.1996 (zone de protection des Kurdes) (16 000 morts depuis 992). Arrestation d'Abdullah Ocalan, leader du PKK le 15.02.1999 **NÉPAL** : •1990 : tensions, manifestations pour la démocratisation. Répression de l'armée • 1991 : devient monarchie constitutionnelle • 2001 : oup d'État : le roi Birendra est assassiné par son fils Dipendra. Le trône revient à son frère Gyamendra qui règne en despote (02.2005) • 2005-03.2006 : émeutes • 04.2006 : réouverture du parlement

Autres États indiens

① Chandigarh	⑥ Assam
② Delhi	⑦ Meghalaya
③ Sikkim	⑧ Mizoram
④ Nagaland	⑨ Tripura
⑤ Manipur	

TSUNAMI
Un tremblement de terre de magnitude 9,3 près de la côte nord-occidentale de l'île de Sumatra a provoqué une série de tsunamis (vagues géantes) meurtriers qui ont ravagé une partie des côtes de la région (Indonésie, Thaïlande, Inde, Sri Lanka, Maldives, etc.) provoquant la mort de près de 280 000 personnes le 26 décembre 2004.

GUERRE EN AFGHANISTAN
• CHRONOLOGIE : attentats terroristes contre les États-Unis le 11/09/2001 : les tours du World Trade Center à New York sont détruites et le bâtiment du Pentagone est endommagé • Le bilan fait état de 5856 morts ou disparus • Les soupçons se portent sur Oussama Ben Laden, allié des talibans • Mise en place d'une coalition internationale chargée de riposter • Début des bombardements américains le 07/10/2001 contre les talibans et les installations militaires de Ben Laden • Attaques bioterroristes contre les États-Unis (propagation des germes de la maladie du charbon) • Succès et progression rapide de l'Alliance du Nord (antitalibans), facilités par les bombardements américains • Chute de Kaboul le 13/11/2001 • Mise en place d'une administration intérimaire présidée par Hamid Karzaï le 22.12.01 [accord de Bonn] • Accord sur la mise en place d'un déploiement d'une force internationale de 4500 soldats le 01.01.02 • L'ex-roi Zaher Shah rentre en Afghanistan le 18.04.02. Formation d'un gouvernement d'union nationale : président : Hamid Karzaï élu le 2.11.2004

ete. 04.2005 : Jalal Talabani (kurde) devient président. 07.04.2005 : Ibrahim al-Jaafari (chiite) est nommé Premier ministre (11.2005) : adoption par référendum du projet de constitution (rejet par les provinces sunites) : 4.2006 : Jawad al-Maliki, Premier ministre. Enlèvements des journalistes français Christian Chesnot, Georges Malbrunot et Florence Aubenas (2004-2005). Ouverture du procès de S. Hussein (10.2005) • ondamnation à mort de Saddam Hussein (11-2006) et exécution le 30.12.2006 **IRAN :** • Révolution et instauration en 1979 d'une République islamique par l'imam Khomeiny (mort en 1989) 2004-2005 : l'Iran désire maîtriser nucléaire contre l'avis de la communauté internationale **AFGHANISTAN :** • Invasion par l'URSS en 1979 • Retrait en 1989 • Guerre civile : les Moudjahidin prennent le pouvoir • Les Talibans (nouvelle force composée d'étudiants combattants islamistes afghans) partent à la conquête du pays (01.1995). Ils contrôlent tout le sud (1996). Prise de Kaboul (1996). Début de négociations de paix sous l'égide de l'ONU (1997) • Escalade du vandalisme et du natisme religieux (2001-2005) (voir aussi encadré) **LIBAN :** • Guerre entre factions rivales (libanaise, palestinienne, syrienne, israélienne, etc.) de 1975 à fin 1990. Mainmise syrienne (95) • Massacre de Cana (1996) • Conflit entre raéliens et le Hezbollah libanais (07-08-06) • Cessez-le-feu et envoi d'une mission de maintien de la paix (FINUL) pour assurer la sécurité des Libanais et vérifier le retrait des troupes israéliennes.

LA CHINE ET L'ASIE DU SUD-EST

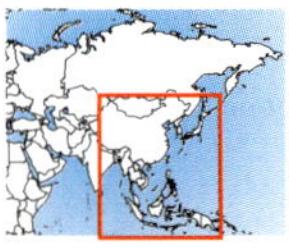

CHINE : • Mort de Mao en 1976 • Répression des mouvements démocratiques en 1982 • Printemps de Pékin en avril et juin 1989 • « Révolution tranquille » en mai p répression sanglante place Tien Anmen (1989.) Mort de Deng Xiaoping le (1997). Émeutes des Ouighours dans le Xinjiang (1997). **MACAO :** • Intégration dans la Chi depuis le 20.12.1999. **HONG KONG :** • Transformé depuis le 1er juillet 1997 en région autonome spéciale chinoise. **TAÏWAN :** • 1994 : Fin de 43 ans d'hostilités entre nat nalistes et communistes chinois. **CORÉE DU NORD :** • Kim Il Sung devient chef de l'État en 1948 • Tensions avec la Corée du Sud. Mort de Kim Il Sung en 1994. Son f Kim Jong-Il lui succède. Poursuite de la dynamique de réunification (1994). Premier essai nucléaire (10-2006) et réprobation internationale **CORÉE DU SUD :** • Rencontr historiques entre les deux Corées à Séoul en 1990, puis à Pyongyong en 1991. Accord de coopération en 1994. • Incidents frontaliers en 1994. Troubles et ma festations (12.1996 et 01.1997). **JAPON :** • Mort de l'empereur Hirohito le 07.01.1989. • Son fils, Akihito lui succède. Sommet sur l'environnement de Kyoto en 11.19

INDONÉSIE : • Démission du président Suharto le 21.05.1998. Abdurrahman Wahid, président depuis 10.1999. Tsunamis (voir p 21)
Timor Oriental : • Guérilla anti-indonésienne depuis 1990 à Timor oriental (200 000 morts). Début de dialogue entre gouvernement et séparatistes en 1994. • Accord entre le Portugal et l'Indonésie sur l'autonomie le 23.04.1999. Le 30.08.1999, scrutin pour l'indépendance : 78,5 % de oui. Arrivée d'une force internationale (2 000 soldats) pour le Timor-Oriental (INTERFET), sous l'égide de l'ONU le 20.09.1999. Indépendance officielle le 20.05.2002) **Îles Moluques :** • Guerre de religion entre chrétiens et musulmans depuis le 19.01.1999. **Bornéo :** • Guérilla entre les Dayaks et les Madurais depuis 02.2001

CAMBODGE : • Accord de paix à Paris en 1991 qui met fin à 20 ans de troubles et au génocide de 3 millions de Cambodgiens par les Khmers rouges • Retour au pouvoir de Norodom Sihanouk en 1991 • [illegible] Khmers rouges dissidents en 06.1997 • Guerre civile entre les royalistes et les anciens communistes depuis 07.1997. Cessez-le-feu le 27.02.1998. Mort de Pol Pot le 15.04.1998.

PHILIPPINES : • Assassinat du leader de l'opposition Benigno Aquino en 1983 • Sa veuve, Corazon Aquino est élue présidente de la République en 1988 • Ferdinand Marcos s'enfuit aux É.-U. • Éruption du volcan Pinatubo en 1991 (1 million de personnes déplacées) • Le cyclone Thelma fait 6 500 morts (11.1991) • Fidel Ramos est élu président de la République (1992). Traité de paix entre Ramos et la guérilla de Nur Misuari le 02.09.1996 (100 000 morts en 25 ans). Joseph Estrada, président depuis 1998 démissionne. Il est remplacé par Gloria Macapagal-Arroyo (01.2001)

L'AFRIQUE PHYSIQUE

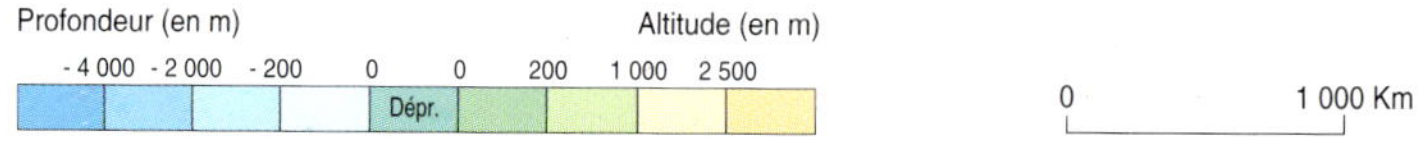

	Superficie (km^2)	Point culminant (m)			Superficie (km^2)	Point culminant (m)			Superficie (km^2)	Point culminant (m)	
AFRIQUE DU SUD	1 221 000	Mt aux Sources	3 282	**GABON**	267 600	Mts de Cristal	1 200	**NIGER**	1 267 000	Bagzane	2 022
ALGÉRIE	2 381 000	Mt Tahat	2 918	**GAMBIE**	11 300		10	**NIGERIA**	923 700	Pic Vogel	2 040
ANGOLA	1 248 000	Mt Mocco	2 620	**GHANA**	238 500	Mt Afadjato	885	**OUGANDA**	240 000	Ruwenzori	5 119
BÉNIN	112 600	Atacora	800	**GUINÉE**	245 800	Mt Nimba	1 752	**RWANDA**	26 300	Mt Karisimbi	4 507
BOTSWANA	582 000	Mt Otse	1 489	**GUINÉE-BISSAU**	36 120		300	**SAO TOMÉ ET**			
BURKINA FASO	274 200	Terakourou	747	**GUINÉE ÉQUATORIALE**	28 050	Pico Bioki	3 007	**PRINCIPE**	960	Pic de São Tomé	2 024
BURUNDI	27 800	Mt Hého	2 670	**KENYA**	582 600	Mt Kenya	5 199	**SÉNÉGAL**	196 700	Fouta Djalon	581
CAMEROUN	475 400	Mt Cameroun	4 100	**LESOTHO**	30 350	Mt aux Sources	3 282	**SEYCHELLES**	450	Morne Seychellois	905
CAP-VERT	4 000	Pic Canon	2 829	**LIBERIA**	111 000	Mt Nimba	1 513	**SIERRA LEONE**	71 700	Mt Loma	1 945
CENTRAFRIQUE	623 000	Mt Ngaoui	1 410	**LIBYE**	1 759 000	Pic Bette	2 286	**SOMALIE**	637 600	Surud Ad	2 408
COMORES	2 200	Karthala	2 360	**MADAGASCAR**	587 000	Tsaratanana	2 876	**SOUDAN**	2 506 000	Mt Kinyeti	3 187
CONGO	342 000		1 040	**MALAWI**	118 400	Mt Mulanje	3 000	**SWAZILAND**	17 360	Mt Emlembe	1 800
CONGO (RÉP. DÉM.)	2 345 000	Ruwenzori	5 122	**MALI**	1 240 000	Mt Hombori	1 155	**TANZANIE**	945 000	Kilimandjaro	5 895
CÔTE D'IVOIRE	322 500	Mt Nimba	1 752	**MAROC**	450 000	Toubkal	4 165	**TCHAD**	1 284 000	Emi Koussi	3 415
DJIBOUTI	23 200	Moussa Ali	2 063	**MAURICE**	2 040	Piton de la Riv. Noire	827	**TOGO**	56 800	Mt Agou	984
ÉGYPTE	1 001 450	Mgne Ste-Catherine	2 641	**MAURITANIE**	1 030 400	Kediet el-Jill	917	**TUNISIE**	163 000	Djebel Chambi	1 544
ÉRYTHRÉE	120 000	Soyra	3 018	**MOZAMBIQUE**	800 000	Mt Binja	2 436	**ZAMBIE**	752 600	Nyika	2 164
ÉTHIOPIE	1 105 000	Ras Dachan	4 620	**NAMIBIE**	824 500	Okombahe	2 606	**ZIMBABWE**	390 700	Mt Inyangani	2 592

L'AFRIQUE POLITIQUE

- Agglo. de plus de 3 000 000 d'habitants
- Agglo. de 1 000 000 à 3 000 000 d'habitants
- Agglo. de 500 000 à 1 000 000 d'habitants
- Agglo. de moins de 500 000 habitants
- Limite d'État souverain
- Capitales d'État

0 — 1 000 Km

	Population (2005)	Capitale et population (agglomération : 2005)	
AFRIQUE DU SUD	46 930 000	Prétoria [1]	1 300 000
ALGÉRIE	32 800 000	Alger	3 700 000
ANGOLA	13 500 000	Luanda	3 000 000
BÉNIN	8 000 000	Porto Novo	200 000
BOTSWANA	1 700 000	Gaborone	210 000
BURKINA FASO	13 900 000	Ouagadougou	1 200 000
BURUNDI	7 700 000	Bujumbura	400 000
CAMEROUN	16 400 000	Yaoundé	1 200 000
CAP-VERT	500 000	Praira	100 000
CENTRAFRIQUE	4 200 000	Bangui	650 000
COMORES	680 000	Moroni	60 000
CONGO	3 800 000	Brazaville	960 000
CONGO (REP. DEM.)	61 000 000	Kinshasa	7 500 000
CÔTE D'IVOIRE	18 000 000	Yamoussoukro [2]	210 000
DJIBOUTI	793 000	Djibouti	550 000
ÉGYPTE	75 000 000	Le Caire	12 000 000
ÉRYTHRÉE	4 650 000	Asmara	500 000
ÉTHIOPIE	77 000 000	Addis-Abeba	4 000 000

	Population (2005)	Capitale et population (agglomération : 2005)	
GABON	1 400 000	Libreville	580 000
GAMBIE	1 600 000	Banjul	550 000
GHANA	22 000 000	Accra	1 700 000
GUINÉE	9 450 000	Conakry	1 600 000
GUINÉE-BISSAU	1 590 000	Bissau	400 000
GUINÉE ÉQUATORIALE	500 000	Malabo	50 000
KENYA	33 800 000	Nairobi	2 800 000
LESOTHO	2 300 000	Maseru	240 000
LIBERIA	3 400 000	Monrovia	1 000 000
LIBYE	5 800 000	Tripoli [3]	1 700 000
MADAGASCAR	17 500 000	Antananarivo	1 700 000
MALAWI	11 900 000	Lilongwe	1 000 000
MALI	13 500 000	Bamako	1 690 000
MAROC	30 800 000	Rabat	1 500 000
MAURICE	1 250 000	Port-Louis	150 000
MAURITANIE	3 070 000	Nouakchott	1 900 000
MOZAMBIQUE	19 300 000	Maputo	2 200 000
NAMIBIE	2 000 000	Windhoek	250 000

	Population (2005)	Capitale et population (agglomération : 2005)	
NIGER	13 500 000	Niamey	800 000
NIGERIA	131 600 000	Abuja [4]	1 500 000
OUGANDA	27 000 000	Kampala	1 400 000
RWANDA	8 700 000	Kigali	700 000
SAO TOMÉ ET PRINCIPE	170 000	São Tomé	134 000
SÉNÉGAL	11 600 000	Dakar	2 500 000
SEYCHELLES	81 000	Victoria	30 000
SIERRA LEONE	5 500 000	Freetown	1 300 000
SOMALIE	8 500 000	Muqdisho	1 500 000
SOUDAN	39 100 000	Khartoum	2 000 000
SWAZILAND	1 200 000	Mbabane	100 000
TANZANIE	37 000 000	Dodoma [5]	350 000
TCHAD	9 700 000	N'djamena	721 000
TOGO	6 100 000	Lomé	800 000
TUNISIE	10 050 000	Tunis	2 000 000
ZAMBIE	11 500 000	Lusaka	2 000 000
ZIMBABWE	13 000 000	Harare	2 800 000

(1) Pretoria : capitale administrative. Le Cap : siège du Parlement.
(2) Yamoussoukro : capitale depuis le 09.03.1983.
(3) Al Jofor, capitale désignée (mais non reconnue) depuis 1986
(4) Abuja : capitale depuis 1976.
(5) Dodoma : capitale depuis 1973.

L'AFRIQUE SEPTENTRIONALE

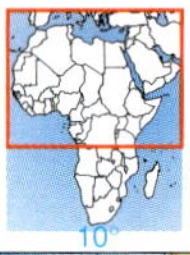

Profondeur (en m)
- 4 000 - 2 000 - 200 0

0 250 500 km

ALGÉRIE : • Ouverture vers l
multipartisme en 1989 • Victoir
des intégristes du Front Islamiqu
du Salut (F.I.S.) en 1990
Instauration de l'état de sièg
(1991) • Dissolution du F.I.S. e

- Agglo. de plus de 1 000 000 d'habitants
- Agglo. de 500 000 à 1 000 000 d'habitants
- Agglo. de moins de 500 000 habitants
- Capitale d'État
- Capitale ou chef-lieu d'entité administrative
- Route importante
- Chemin de fer important
- Limite d'État souverain
- Limite d'entité administrative

SOUDAN : • Guerre civile depuis 1989 entre musulmans au Nord et chrétiens-animistes au Sud • Coup d'État militaire instauration d'une dictature islamiste (1989). . 01.2005 : accord de paix du Darfour après 16 ans de guerre civile • Repris de la guerre civile (2007) **GUINÉE :** • Mort et fin de la dictature de Sékou Touré (1984) **GUINÉE-BISSAU :** Coup d'É (05.1999). **SÃO TOMÉ** : • Putsch militaire le 16.08.95. **NIGERIA :** • Mort du dictateur Sami Abacha le 08.06.1998. **LIBERIA** Guerre civile de 1989 à 1996 (150 000 morts) •. Charles Taylor est élu président en 1997 (il est arrêté le 31.3.2006 : procès prévu à Haye) . 16.1.2006 : Mme Ellen Johnson-Sirleaf élu présidente **SIERRA LEONE** : • Guerre civile depuis 1991. Coup d'État m taire en 1997. Combats entre la junte et la force ouest-africaine (ECOMOG) en 1998 et 1999. Accord de paix de Lomé (1999). Comba

992 et assassinat de Boudiaf. Début des assassinats d'étrangers en 1993 • Le général Liamine Zéroual devient chef de l'État en 1994.Trève du FIS • Reprise des assassinats d'intellectuels. et massacre de populations civiles 996-1999). Abdelaziz Bouteflika devient chef de l'État le 16.04.1999. Référendum sur la réconciliation nationale : 97% de oui (29.9.2005) **ÉGYPTE :** • Assassinat du président Sadate en 1981. Combats entre les islamistes et le gouvernement (1995). **ÉRYTHRÉE :** • Accède à l'indépendance le 23.05.93. • Conflit avec le Yémen pour le contrôle de l'île d'Hamish en 1995. Conflit avec l'Éthiopie (1998 et 1999) • Accord de paix le 12.12.2000. **THIOPIE :** • Retrait des troupes cubaines (1989) • Fin de la dictature du président Haïle Mariam Menguistu (1990). • Combats contre l'Érythrée (06.1998 et 02 1999) **SAHARA - OCCID. :** • Le Maroc occupe le territoire depuis départ des Espagnols en 1974 • Les Sahraouis (notamment le Front Polisario) le revendiquent et combattent depuis 1976 pour leur indépendance • Un référendum d'autodétermination, organisée par l'ONU, devait se tenir 1998, mais il est reporté constamment . **TUNISIE :** • mort d'Habib Bourguiba le 06.04.2000. **MAROC :** • mort d'Hassan II le 23.07.1999. Son fils, Mohammed VI devient roi.

Freetown entre les rebelles de Foday Sankoh et les casques bleus. (05.2000) **MALI :** • Rébellion des Touaregs depuis 1990 • Émeutes à Bamako en 1991 • L'armée renverse le président Moussa Traoré et prend le pouvoir (1991). Combats contre les Touaregs (1995). **SOMALIE :** • Le président Siad Barre prend la fuite en 1991 • Début de la guerre des clans. Développement de l'aide humanitaire et de la notion « d'ingérence humanitaire » en 1992 • Intervention militaire et envoi de troupes sous mandat de l'ONU pour protéger les convois humanitaires • 1992 : opérations « Restore hope » (Rendre l'espoir) pour les USA et ORYX pour la France • Retrait des troupes américaines en 1993 et des casques bleus en 1995. Accord de paix (1997) [100 000 morts depuis 1991]. Reprise de la guerre le 10.00.1000. Guerre avec l'Éthiopie qui chasse les Tribunaux islamistes (12.2006) Les États-Unis interviennent ici et là au nom de la lutte contre le terrorisme (2007) Retrait des troupes éthiopiennes **NIGER :** • Accord de paix entre le gouvernement et la rébellion touarègue (1995). Putsch de l'armée en 1996. Assassinat du président Ibrahim Baré (04.1999). **CÔTE D'IVOIRE :** • guerre civile depuis fin 2000. Konan Bedié est destitué. Laurent Gbagbo, président depuis 10.2000. 2000-2005 : guerre civile. Laurent Gbagbo président. Présence de forces de l'ONU et de militaires français de l'opération « Licorne » pour le maintien de la paix. **TCHAD :** • tentative d'insurrection. Idriss Déby reste au pouvoir (03.2006).

L'AFRIQUE MÉRIDIONALE

Profondeur (en m)

- 4 000 - 2 000 - 200 0

0 500 1 000 Km

(Légende de la carte, voir p. 26)

CONGO : Guerre civile depuis 1997. Retrait des forces françaises . Victoire de Sassou n' Guesso le 15. 10. 1997 contre l'ancien président Pascal Lissouba **MOZAMBIQUE :** Guerre civile de 1975 à 1992 : 2 millions de tués et 2 millions de réfugiés. Accords de paix et cessez-le-feu le 04.10.1992. **NAMIBIE :** • Retrait des Sud-Africains en 1989 et indépendance en 03.1990. **OUGANDA :** Renversement du dictateur Idi Amin Dada en 197 (bilan du régime : 200 000 morts).**TANZANIE :** • Julius Nyéréré quitte le pouvoir après 23 ans à la tête de l'état en 1985. **KENYA** : 1 500 morts et 250 000 réfugiés déplacés dans des affrontements ethniques d'oct. 1991 mars 1994. Conflit entre Masaïs et Kikuyus (01.1995). **RÉP. DÉM. DU CONGO (EX-ZAÏRE) :** début du conflit entre Mobutu et les rebelles, dirigés par Laurent Désiré Kabila et aidés par l'Ouganda et le Rwanda, l'est du pays en1996. Fuite de 150 000 réfugiés devant les rebelles. Prise de Kisangani en1997. Fuite de Mobutu : L.-D. Kabila prend le pouvoir. Le pays est rebaptisé Rép. dém. du Congo le 18.05.1997. Mo de Mobutu le 07.09.1997. Rébellion contre Kabila en 08.1998 et 09.1999. Assassinat de Kabila le 16.01.2001. Son fils le remplace à la tête de l'État. **AFRIQUE DU SUD :** • Début de l'apartheid (ségrégation de gens de couleur) par la création du "Land Act" en 1913 • Depuis 1984, abolition progressive des discriminations raciales • Accélération progressive grâce à Frederik De Klerk qui, élu président de la République

JRUNDI : • Premières élections présidentielles pluralistes en 1993 • Coup d'État militaire, massacres (25 à 50 000 morts) et fuite de Hutus (700 000) (1993)• Mort des présidents burundais et rwandais dans un attentat en 1994. Nouveaux 'rontements entre Hutus et Tutsis en 1995.. **RWANDA :** • 1972 : premier génocide hutu : 200 000 morts. Attaque des rebelles tutsis du FPR (Front patriotique rwandais) (1990). Début de la guerre civile et des massacres de Tutsis • Accords \rusha en Tanzanie : mise en place d'un gouvernement transitoire et d'une force internationale (1993) • Reprise de la guerre civile et génocide des Tutsis (750 000 morts). • L'ONU autorise une opération militaire multinationale à but ımanitaire pour protéger les civils et mennée par la France "opération Turquoise" (1994)• Prise de Kigali par le FPR (07.1994) • Exode massif des civils. vers des camps de réfugiés en Tanzanie et au Zaïre • Nouveaux massacres de ıtus par les soldats Tutsis du FPR (04.1995,05. et 07.1996). 720 000 réfugiés rentrent du Zaïre (11.1996). **ANGOLA :** 1975-1991 : guerre civile • Accord de paix sous l'égide de l'ONU et cessez-le-feu proclamé en 1994. Mise en place ıne opération de maintien de la paix en 1995. Le président J. E. dos Santos et le chef de l'UNITA, J. Savimbi se rencontrent pour appliquer les accords de paix (05.1995). Formation d'un gouvernement d'union et de réconciliation natio-ıles (04.1997). Reprise des combats (12.1998). Retrait de la mission d'observation des Nations Unies (MONUA) le 20.03.1999. Assassinat de Savimbi le 04.04.02 . Cessez-le-feu et reddition de l'UNITA (3.4.2002)

	Date d'indépendance	PNB en € par hab. (2005)	Espérance de vie Femmes	Hommes
AFRIQUE DU SUD	31-05-1910	3 800	67	61
ALGÉRIE	03-07-1962	2 100	70	68
ANGOLA	11-11-1975	1 000	48	45
BÉNIN	01-08-1960	400	52	49
BOTSWANA	30-09-1966	4 000	42	41
BURKINA FASO	05-08-1960	310	51	48
BURUNDI	01-07-1962	80	47	46
CAMEROUN	01-01-1960	800	56	55
CAP-VERT	05-07-1975	1 450	72	65
CENTRAFRIQUE	13-08-1960	270	46	43
COMORES	22-12-1974	500	59	54
CONGO	15-08-1960	730	52	47
CONGO (REP. DEM.)	30-06-1960	90	50	45
CÔTE D'IVOIRE	07-08-1960	650	47	45
DJIBOUTI	28-06-1977	790	48	44
ÉGYPTE	28-02-1922	970	68	65
ÉRYTHRÉE	23-05-1993	170	57	53
ÉTHIOPIE	Antiquité	130	53	51
GABON	17-08-1960	3 900	54	51
GAMBIE	12-02-1965	230	54	51
GHANA	06-03-1957	350	59	56
GUINÉE	02-10-1958	290	47	43
GUINÉE-BISSAU	10-09-1974	140	46	44
GUINÉE ÉQUATORIALE	12-10-1968	800	52	48
KENYA	12-12-1963	410	49	48
LESOTHO	04-10-1966	740	55	52
LIBERIA	26-07-1847	100	52	49
LIBYE	24-12-1951	4 260	75	65
MADAGASCAR	26-06-1960	230	56	52
MALAWI	06-07-1964	125	40	39
MALI	22-07-1960	300	47	45
MAROC	02-03-1956	1 330	71	67
MAURICE	12-03-1968	4 050	74	67
MAURITANIE	28-10-1960	430	52	49
MOZAMBIQUE	25-06-1975	240	50	47
NAMIBIE	21-03-1990	2 300	45	47
NIGER	03-08-1960	190	48	45
NIGERIA	01-10-1960	430	53	52
OUGANDA	09-10-1962	220	43	42
RWANDA	01-07-1962	180	40	39
SAO TOMÉ ET PRINCIPE	12-07-1975	300	66	63
SÉNÉGAL	20-08-1960	550	54	51
SEYCHELLES	29-06-1976	6 400	73	67
SIERRA LEONE	27-04-1961	170	45	41
SOMALIE	01-07-1960	85	48	45
SOUDAN	01-01-1956	500	57	55
SWAZILAND	06-09-1969	2 220	55	50
TANZANIE	09-12-1961	260	50	45
TCHAD	11-08-1960	300	52	48
TOGO	07-04-1960	270	55	50
TUNISIE	20-03-1956	2 230	74	70
ZAMBIE	24-10-1964	380	45	38
ZIMBABWE	18-04-1980	270	45	38

14.09.1989, permet la libération du chef historique de "l'African National Congress" (ANC) Nelson Mandela le 13.02.1990, emprisonné pendant 27 ans et supprime officiellement l'apartheid le 30.06.91 • La violence persiste néan-ıoins dans les ghettos noirs (08.1990) • Référendum sur le partage du pouvoir politique avec les Noirs. Le oui l'emporte le 17.03.1992 • Violentes émeutes le 17.06.1992 • Mandela accepte le principe du partage du pouvoir le 5.11.1992 • Mandela et De Klerk obtiennent le prix Nobel de la Paix •Premières élections démocratiques et multiraciales le 26 avril 1994. Victoire de l'ANC avec 62% des voix • Nelson Mandela devient le premier président noir de ıfrique du Sud le 09.05.1994. Nouvelle constitution adoptée le 08.05.1996. **MALAWI** : • Fin de la dictature et démocratisation en cours. Référendum organisé le 14.06.93, sous les auspices de l'O.N.U. **CENTRAFRIQUE** : • Mort de okassa le 03.11.1996 • Insurrection à Bangui (01. 1997). Intervention des Français. Accords de Bangui et mise en place d'une force interafricaine d'interposition (MISSAB) depuis 01.1997. Cessez-le-feu entre guérilla et forces de MISSAB le 02. 07.1997 **COMORES** : • l'île d'Anjouan déclare son indépendance le 03. 08. 1997. Répression sanglante des autorités en 09.1997. **MADAGASCAR** : • Didier Ratsiraka est élu président le 31.01.1997. • conflit entre s partisans du nouveau président Marc Ravalomana et le président sortant, Didier Ratsiraka [01.06.02].

L'AMÉRIQUE PHYSIQUE

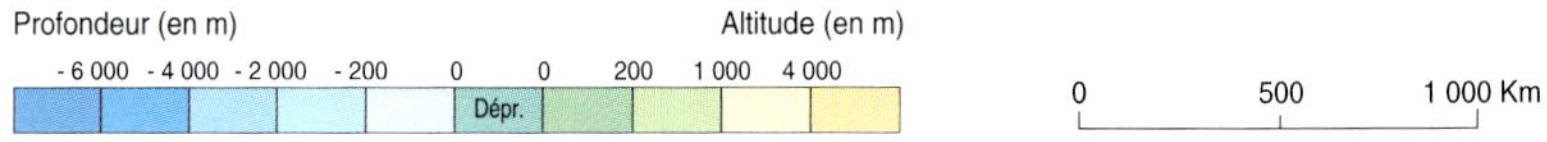

	Superficie (Km²)	Point culminant (m)		Climat	Température (d°)	
					Mini hiver	Maxi été
ANTIGUA ET BARBUDA	440	Boggy Peak	403	Tropical humide	21	30
ARGENTINE	2 780 000	Aconcagua	6 959	Subtropical à tempéré	5	29
BAHAMAS	13 900	Île de Cat	122	Subtropical	18	32
BARBADE	430	Mt Hilaby	337	Tropical	21	30
BÉLIZE	22 960	Victoria Peak	1 122	Subtropical	10	35
BOLIVIE	1 100 000	Ancohuna	6 550	Tropical	1	25
BRÉSIL	8 547 400	Pico de Neblina	3 014	Tropical à médit.	0	41
CANADA	9 976 000	Mt Logan	6 050	Continental	- 15	26
CHILI	757 000	Tocorpuri	6 753	Désert à subarctique	3	29
COLOMBIE	1 139 000	Pic Colomb	5 775	Tropical à tempéré	10	28
COSTA-RICA	51 000	Chirripo Grande	3 820	Tropical à tempéré	14	27
CUBA	110 900	Pic Turquino	1 973	Tropical	9	35
DOMINICAINE (RÉP.)	48 700	Pico Duarte	3 175	Tropical	19	31
DOMINIQUE	750	Morne Diablotin	1 447	Tropical	20	32
ÉQUATEUR	283 500	Chimborazo	6 310	Tropical	8	26
ÉTATS-UNIS	9 365 000	Mt Mckinley	6 194	Tempéré dominant	- 8	31
GRENADE	344	Mt Ste-Catherine	841	Subtropical	26	28
GUATEMALA	108 900	Tajumulco	4 220	Tropical	12	25
GUYANA	215 000	Mt Roraima	2 810	Tropical	23	31
HAÏTI	27 750	Morne la Selle	2 680	Tropical	23	30
HONDURAS	112 000	Cerro Selaque	2 849	Tropical à tempéré	12	33
JAMAÏQUE	11 000	Blue Mountain P.	2 256	Tropical	19	32
MEXIQUE	1 965 000	Citaltepetl	5 700	Tropical à tempéré	6	30
NICARAGUA	130 000	Mogotón	2 107	Tropical	20	34
PANAMÁ	76 000	Baru	3 475	Tropical	22	32
PARAGUAY	406 700	Cerro S. Rafaël	850	Subtropical	12	35
PÉROU	1 285 000	Huascaran	6 768	Tropical à tempéré	13	28
ST-CHRISTOPHE ET NIÉVÈS	267	Mt Misery	1 156	Tropical	24	27
STE-LUCIE	620	Mt Gimil	935	Tropical	25	28
ST-VINCENT ET GRENADINES	389	Soufrière	1 245	Tropical	26	30
SALVADOR (EL)	21 050	Cerro Mte Cristo	2 418	Tropical	22	24
SURINAM	163 200	Juliana Top	1 280	Tropical	23	32
TRINITÉ ET TOBAGO	5 130	Mt Aripo	940	Tropical	24	26
URUGUAY	176 200	Sierra Carapé	514	Tempéré	6	28
VENEZUELA	912 000	Pic Bolivar	5 007	Tropical	12	30

L'AMÉRIQUE POLITIQUE

	Population (2005)	Capitale	Pop. de la capitale (agglo. 2005)	PNB par hab. en € (2005)	Espérance de vie Femmes	Hommes
ANTIGUA ET BARBUDA	80 000	Saint-John's	25 000	8 400	77	70
ARGENTINE	38 600 000	Buenos Aires	13 300 000	3 440	75	69
BAHAMAS	315 000	Nassau	210 000	11 625	72	68
BARBADE	260 000	Bridgetown	110 000	7 400	78	73
BÉLIZE	300 000	Belmopan	12 400	2 700	75	70
BOLIVIE	9 000 000	La Paz*	2 000 000	780	65	60
BRÉSIL	185 000 000	Brasilia	2 000 000	2 525	72	65
CANADA	32 300 000	Ottawa	1 600 000	23 800	81	75
CHILI	16 100 000	Santiago	5 600 000	4 000	78	75
COLOMBIE	46 000 000	Bogota	8 000 000	1 760	73	70
COSTA-RICA	4 200 000	San José	2 000 000	3 530	79	75
CUBA	11 300 000	La Havane	2 500 000	760	78	73
DOMINICAINE (RÉP.)	9 000 000	St-Domingue	2 700 000	1 830	69	65
DOMINIQUE	74 000	Roseau	24 000	2 920	79	73
ÉQUATEUR	13 400 000	Quito	2 000 000	1 700	73	65
ÉTATS-UNIS	296 500 000	Washington**	610 000	33 700	79	73
GRENADE	101 000	St-George's	30 000	3 020	74	69
GUATEMALA	12 700 000	Guatemala	2 000 000	1 850	67	62
GUYANA	750 000	Georgetown	275 000	780	65	60
HAÏTI	8 300 000	Port-au-Prince	2 000 000	350	55	52
HONDURAS	7 000 000	Tegucigalpa	900 000	920	67	63
JAMAÏQUE	2 650 000	Kingston	800 000	2 600	76	72
MEXIQUE	107 050 000	Mexico	20 000 000	5 650	75	70
NICARAGUA	5 800 000	Managua	1 900 000	700	70	67
PANAMÁ	3 200 000	Panama	800 000	3 570	77	72
PARAGUAY	6 200 000	Asuncion	1 500 000	990	73	69
PÉROU	27 900 000	Lima	8 400 000	2 000	71	65
ST-CHRISTOPHE ET NIÉVÈS	48 000	Basseterre	15 000	6 320	73	69
STE-LUCIE	163 000	Castries	60 000	3 700	75	69
ST-VINCENT ET GRENADINES	115 000	Kingstown	28 000	2 760	76	70
SALVADOR (EL)	6 700 000	San Salvador	1 600 000	1 900	73	68
SURINAM	447 000	Paramaribo	290 000	1 960	72	67
TRINITÉ ET TOBAGO	1 300 000	Port of Spain	58 000	8 040	75	70
URUGUAY	3 420 000	Montevideo	1 760 000	3 360	77	69
VENEZUELA	26 700 000	Caracas	4 800 000	3 700	76	70

* La Paz est le siège du gouvernement , Sucre la capitale constitutionnelle
** 5 800 000 pour l'aire métropolitaine

LE CANADA ET LE GROENLAND

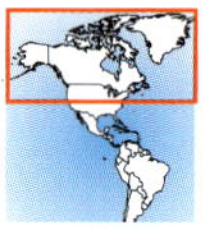

Profondeur (en m)

- 4 000 - 2 000 - 200 0

0 — 1 000 Km

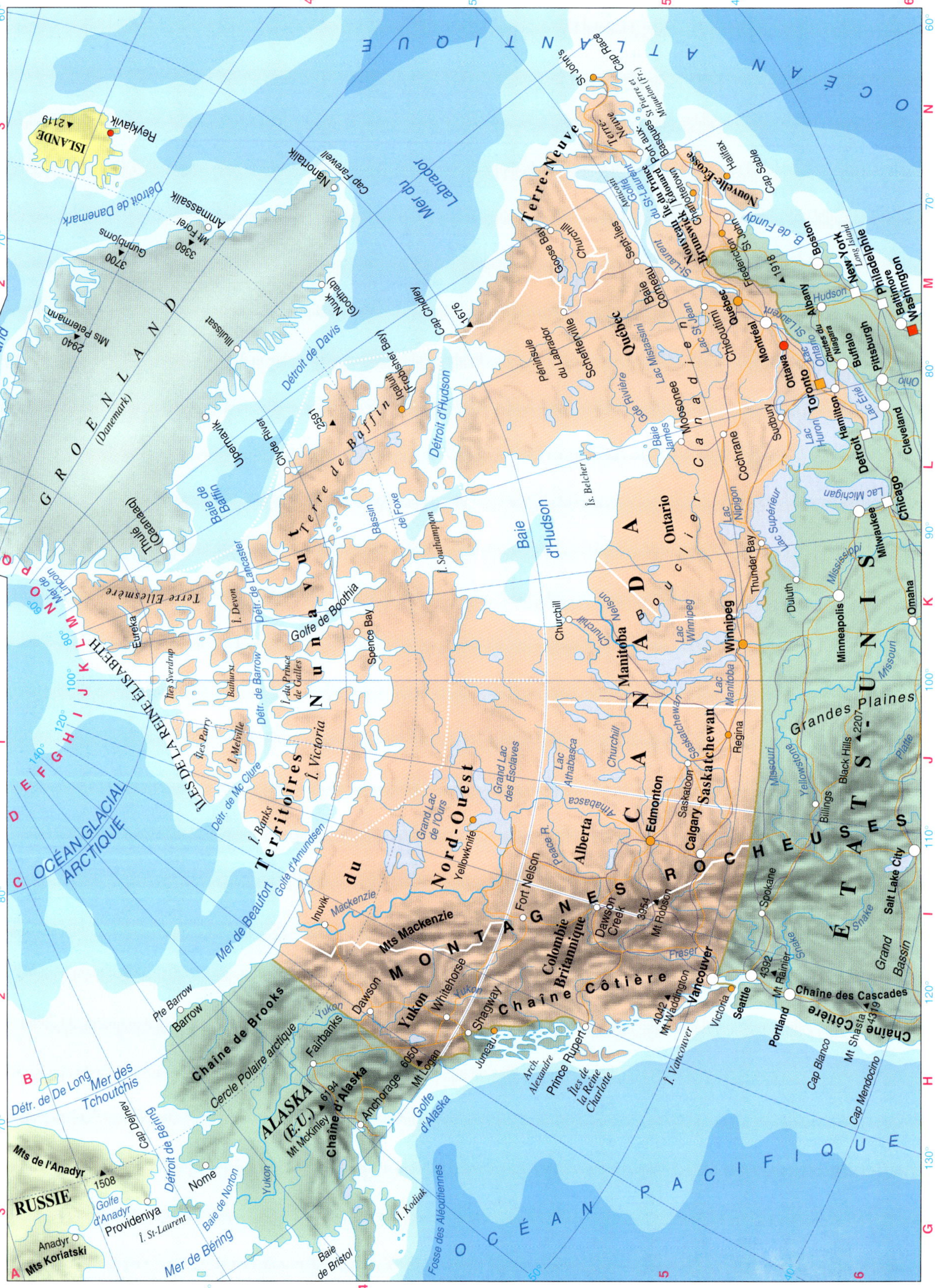

- □ Agglo. de plus de 3 000 000 d'habitants
- ○ Agglo. de 1 000 000 à 3 000 000 d'habitants
- ○ Agglo. de 500 000 à 1 000 000 d'habitants
- ○ Agglo. de moins de 500 000 habitants
- Limite d'État souverai
- Chemin de fer import
- ■ ● Capitale d'État
- ● Capitale ou chef-lieu d'entité administrative

CANADA : • Élection de Mme Kim Campbell à la tête du gouvernement fédéral (1993) • Jean Chrétien lui succède le 04.11.1993 • Jacques Parizeau, nommé Premier ministre du Québec le 12.09.1994, a proposé un référendum sur l'indépendance du Québec le 30.10.1995. Le non l'a emporté (50,6%) • Lucien Bouchard, nommé Premier ministre le 29.01.1996, organisera un nouveau référendum dans les prochaines années • le 01.04.1999, création d'un territoire esquimau (inuit) incluant notamment les Terres Ellesmere et de Baffin, le Nunavut («notre terre» en esquimau) : 1 994 000 km^2, 27 219 habitants, capitale : Iqaluit.• . 23.1.2006 : Stephen Harper, conservateur, élu Premier ministre

Nom de l'État	Superf. (km²)	Population (2006)	Capitale de l'État	Population de la Capitale (Agglo. 2006)	Autre grande ville de l'État	Population (Agglo. 2006)
ALABAMA	131 500	4 545 000	Montgomery	334 000	Birmingham	915 000
ALASKA	1 480 000	668 000	Juneau	32 000	Anchorage	271 000
ARIZONA	295 300	6 020 000	Phoenix	3 870 000	Tucson	930 000
ARKANSAS	137 800	2 775 000	Little Rock	590 000	Fort Smith	82 000
CALIFORNIE	424 000	36 900 000	Sacramento	2 020 000	Los Angeles	17 800 000
CAROLINE DU NORD	126 200	8 730 000	Raleigh	1 500 000	Charlotte	1 500 000
CAROLINE DU SUD	78 000	4 275 000	Columbia	520 000	Charleston	550 000
COLORADO	269 600	4 760 000	Denver	2 660 000	Colorado Springs	580 000
COLUMBIA (D.C.)*	177	582 000	**Washington***	5 800 000		8 027 000
CONNECTICUT	12 600	3 550 000	Hartford	1 240 000	Bridgeport	150 000
DAKOTA DU NORD	179 000	639 000	Bismarck	57 000	Fargo	93 000
DAKOTA DU SUD	197 000	775 000	Pierre	14 000	Sioux Falls	145 000
DELAWARE	5 150	850 000	Dover	34 000	Wilmington	72 500
FLORIDE	140 000	18 020 000	Tallahassee	155 000	Miami	4 700 000
GEORGIE	152 600	9 140 000	Atlanta	4 850 000	Columbus	186 000
HAWAII	16 700	1 300 000	Honolulu	920 000	Koofaupoko	110 000
IDAHO	214 500	1 450 000	Boise	195 000	Pocatello	54 000
ILLINOIS	146 000	12 900 000	Springfield	120 000	Chicago	9 700 000
INDIANA	93 000	6 300 000	Indianapolis	1 730 000	Gary	650 000
IOWA	144 800	2 960 000	Des Moines	194 000	Cedar Rapids	124 000
KANSAS	212 000	2 750 000	Topeka	198 000	Wichita	360 000
KENTUCKY	103 000	4 190 000	Frankfort	28 000	Lexington-Fayette	430 000
LOUISIANE	113 000	4 530 000	Baton Rouge	640 000	La Nouvelle-Orléans	1 345 000
MAINE	80 000	1 340 000	Augusta	22 000	Portland	65 000
MARYLAND	25 400	5 690 000	Annapolis	37 000	Baltimore	2 500 000
MASSACHUSETTS	27 400	6 480 000	Boston	5 820 000	Springfield	535 000
MICHIGAN	150 800	10 190 000	Lansing	435 000	Detroit	4 500 000
MINNESOTA	206 200	5 190 000	Saint-Paul	285 000	Minneapolis	3 200 000
MISSISSIPPI	123 600	2 920 000	Jackson	197 000	Biloxi	50 000
MISSOURI	180 600	5 800 000	Jefferson City	39 000	Saint Louis	2 640 000
MONTANA	337 000	936 000	Helena	29 000	Billings	92 000
NEBRASKA	199 200	1 766 000	Lincoln	245 000	Omaha	750 000
NEVADA	284 600	2 500 000	Carson City	59 000	Las Vegas	2 040 000
NEW HAMPSHIRE	24 000	1 340 000	Concord	43 000	Manchester	111 000
NEW JERSEY	19 200	8 815 000	Trenton	89 000	Newark	278 000
NEW YORK	122 400	19 321 000	Albany	875 000	New York	22 600 000**
NOUVEAU-MEXIQUE	314 400	1 931 000	Santa Fe	71 000	Albuquerque	680 000
OHIO	106 000	11 500 000	Columbus	1 640 000	Cleveland	2 960 000
OKLAHOMA	178 000	3 565 000	Oklahoma City	1 140 000	Tulsa	850 000
OREGON	251 500	3 690 000	Salem	256 000	Portland	2 265 000
PENNSYLVANIE	116 000	12 430 000	Harrisburg	615 000	Philadelphie	6 270 000
RHODE ISLAND	2 700	1 098 000	Providence***	1 265 000	Warwick	89 000
TENNESSEE	109 150	5 985 000	Nashville	1 351 000	Memphis	1 176 000
TEXAS	679 000	23 300 000	Austin	1 560 000	Houston	5 300 000
UTAH	213 000	2 470 000	Salt Lake City	1 760 000	West Valley City	115 000
VERMONT	24 000	628 000	Montpelier	8 300	Burlington	40 000
VIRGINIE	102 600	7 675 000	Richmond	1 200 000	Norfolk	1 570 000
VIRGINIE OCCID.	62 800	1 820 000	Charleston	60 000	Huntington	55 000
WASHINGTON	172 500	6 350 000	Olympia	46 000	Seattle	3 820 000
WISCONSIN	145 500	5 570 000	Madison	216 000	Milwaukee	1 760 000
WYOMING	251 500	508 000	Cheyenne	56 000	Casper	52 000

LES PRÉSIDENTS DE LA RÉPUBLIQUE AMÉRICAINS

• **1789** : George Washington (1732-1799) • **1797** : John Adams (1735-1826) • **1801** : Thomas Jefferson (1743-1826) • **1809** : James Madison (1751-1836) • **1817** : James Monroe (1758-1831) • **1825** : John Quincy Adams (1767-1848) • **1829** : Andrew Jackson (1767-1845) • **1837** : Martin Van Buren (1782-1862) • **1841** : William H. Harrison (1773-1841) • **1841** : John Tyler (1790-1862) • **1845** : James K. Polk (1795-1849) • **1849** : Zachary Taylor (1784-1850) • **1850** : Millard Fillmore (1800-1874) • **1853** : Franklin Pierce (1804-1869) • **1857** : James Buchanan (1791-1868) • **1861** : Abraham Lincoln [1809-1865 (assassiné)] • **1865** : Andrew Johnson (1808-1875) • **1869** : Ulysses S. Grant (1822-1885) • **1877** : Rutherford B. Hayes (1822-1893) • **1881** : James A. Garfield [1831-1881 (assassiné)] • **1881** : Chester A. Arthur (1830-1886) • **1885** : Stephen G. Cleveland (1837-1908) • **1897** : William McKinley [1843-1901 (assassiné)] • **1901** : Theodore Roosevelt (1858-1919) • **1909** : William H. Taft (1857-1930) • **1913** : Thomas W. Wilson (1856-1924) • **1921** : Warren G. Harding (1865-1923) • **1923** : Calvin Coolidge (1872-1933) • **1929** : Herbert C. Hoover (1874-1964) • **1933** : Franklin D. Roosevelt (1882-1945) • **1945** : Harry S. Truman (1884-1972) • **1953** : Dwight D. Eisenhower (1890-1969) • **1963** : John Fitzgerald Kennedy [1917-1963 (assassiné)] • **1963** : Lyndon B. Johnson (1908-1973) • **1969** : Richard M. Nixon [1913-1994] (démissionne en 1974)] • **1974** : Gerald R. Ford (1913-2006) • **1977** : Jimmy Carter (1924-) • **1980** : Ronald Reagan (1911- 2004) • **1988** : George H. Bush (1924-) • **1992** : William Jefferson Clinton (1947-) • **2001** : George W. Bush (1947-)

* District of Columbia. L'agglomération de Washington déborde de son État
** L'agglomération de New York déborde sur le New Jersey
*** L'agglomération de Providence déborde de son État

En gras, date du début de mandat

LES ÉTATS-UNIS, LE MEXIQUE ET LES GRANDES ANTILLES

Autres États mexicains

1 Aguascalientes
2 Querétaro
3 District Fédéral

ÉTATS-UNIS : • attentats terroristes contre les États-Unis le 11/09/2001 : les tours du World Trade Center à New York sont détruites et le bâtiment du Pentagone est endommagé • Le bilan fait état de 5856 morts ou disparus • Les soupçons se portent sur Oussama Ben Laden, allié des talibans • Mise en place d'une coalition internationale chargée de riposter • Début des bombardements américains le 07/10/2001 contre les talibans et les installations militaires de Ben Laden • Attaques bioterroristes contre les États-Unis (propagation des germes de la maladie du charbon)

□ Agglo. de plus de 3 000 000 d'habitants
○ Agglo. de 1 000 000 à 3 000 000 d'habitants
○ Agglo. de 500 000 à 1 000 000 d'habitants
○ Agglo. de moins de 500 000 habitants
■ ● Capitale d'État
● Capitale ou chef-lieu d'entité administrative

Route importante
Chemin de fer important
Limite d'État souverain
Limite d'entité administrativ

CUBA : • Le pays, dirigé autoritairement par Fidel Castro depuis 1976, reste en 1994 l'un des derniers bastions communistes. Exode de réfugiés («Balseros») vers le continent • Fidel Castro malade (12-2006) **GUATEMALA :** • Rigoberta Menchu, prix Nobel de la Paix en 1992 • Retours d'indiens du Mexique en 1993 • Guérillas en 1993 et 1994. Accord de paix entre l'État et la guérilla le 29.15.1996 (100 000 morts en 36 ans de guerre)

ÉTATS-UNIS : • Lancement de l'opération "JUSTE CAUSE" pour capturer et destituer le général Noriega (12.1990) • Affaire du "Watergate" (1974) • Affaire de "l'Irangate" (1987) • Guerre du Golfe (du 15.01.1991 au 28.02.1991) [voir encadré p. 20] • Signature entre les États-Unis, le Canada et le Mexique d'un accord sur un traité de libre échange le 12.08.1992 (l'ALENA qui entre en vigueur le 01.01.1994) • Mort de l'ex-président Richard Nixon le 23.04.1994. • George W. Bush devient le 43e président des États-Unis le 20.01.2001 • Mort de Ronald Reagan le 05.06.2004 • Réélection de George W. Bush le 20.1.2005 **MEXIQUE :** • Séisme très violent à Mexico le 19.09.1985 (de 10 000 à 20 000 morts) • Insurrection des indiens de l'armée zapatiste de libération nationale de la région du Chiapas et répression de l'armée le 01.01.1994. Cessez-le-feu et début des négociations le 15.01.1995. Fin de l'offensive des zapatistes le 14.02.1995. Accord avec le gouvernement le 19.11.1995. Reprise des combats (06.1998). Felipe Calderon élu président de la République en décembre 2006 **BERMUDES :** • Rejet de l'indépendance par référendum le 17.08.1995.

CYCLONES
Le 29.08.2005, le cyclone Katrina s'abat sur la Louisiane. Les digues cèdent. La ville de La Nouvelle-Orléans est inondée à 80%. 1 300 morts.

HAÏTI : • Dictature de François Duvalier dit "Papa Doc" de 1957 à 1971, puis de son fils "Baby Doc" de 1971 à 1986. Le père Jean Bertrand Aristide, élu démocratiquement président le 12.12.1990 est renversé par une rébellion militaire le 01.10.1991. Les militaires ne partant pas, l'ONU décide de recourir à l'embargo, puis à la force le 06.05.1994. Les Américains débarquent le 19.09.1994. Départ de Cédras, puis retour d'Aristide le 15.10.1994. Relève des militaires américains par des casques bleus depuis le 31.03.1995.. Aristide élu président, succède à René Préval, le 28.11.2001. • Guerre civile en février 2004. Aristide quitte le pouvoir et le pays le 29.02.2004. 2006 : élections présidentielles : victoire de René Préval le 16.02.2006

L'AMÉRIQUE DU SUD, L'AMÉRIQUE CENTRALE ET LES PETITES ANTILLES

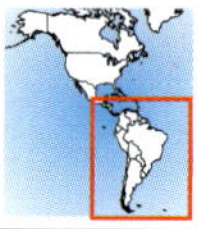

Profondeur (en m)

- 4 000 - 2 000 - 200 0

0 500 1 0

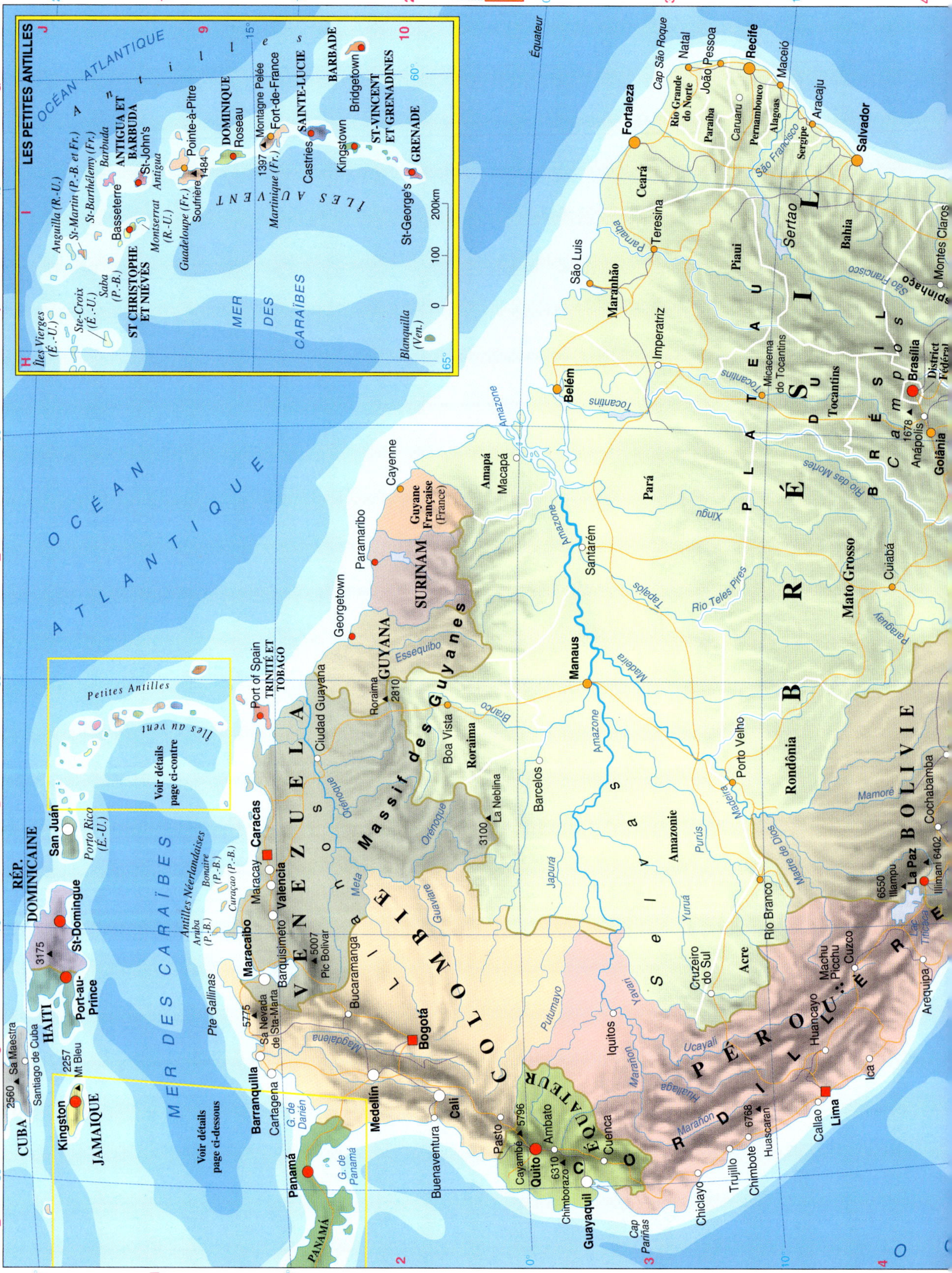

- Agglo. de plus de 3 000 000 d'habitants
- Agglo. de 1 000 000 à 3 000 000 d'habitants
- Agglo. de 500 000 à 1 000 000 d'habitants
- Agglo. de moins de 500 000 habitants
- Capitale d'État
- Route importante
- Chemin de fer important
- Limite d'État souverain
- Limite d'entité administrative
- Capitale ou chef-lieu d'entité administrative

ARGENTINE : • Guerre des Malouines entre Royaume-Uni et Argentine qui revendique les îles en 1982. Victoire des Anglais. **BO VIE :** • Evo Morales élu président de la République. C'est la première fois que le pays est dirigé par un Indien (22.01.2006) **PÉROU** Guerilla du "SENTIER LUMINEUX" depuis 1980 • Arrestation d'Abimael Guzmán, chef du Sentier lumineux en 1992. Poursuite la guérilla (1995). Prise d'otage (700 personnes) par les guérilleros du Tupac Amaru dE 1996 À 1997. Alan garcia président d République le 04-06-2006 **PÉROU-ÉQUATEUR :** • Début de la "guerre" pour un différent frontalier (1995). Accord de paix globa définitif signé à Brasilia (1998) **ÉQUATEUR :** • coup d'État (2000) • Destitution du président Lucio Gutierrez. Rafael Correa devient p

ARAGUA : • Dictature de Somoza de 1967 à 1979 • Révolution sandiniste en 1979 • Démocratisation avec l'élection de Violetta Chamorro le 25.02.1990 • Fin de la guérilla des recontras (antisandi-
es) le 15.04.1994.• Daniel Ortega redevient président de la République (01-2007) **PANAMA :** • Le général Noriega, au pouvoir depuis 1988 est capturé par les Américains lors de l'opération "Juste
se" (1990). Il est condamné à 40 ans de prison à Miami en 1992. Rétrocession du Canal le 14.12.1999. **SALVADOR :** • Accords de paix de Chapultepec (Mexique) signé sous l'égide de l'ONU par le
vernement du président Alfredo Cristani et la guerilla du Front Farabundo Marti le 16.01.1992 • Fin officielle de 12 ans de guerre civile très meurtrière (76 000 morts) le 15.12.1992. Amnistie généra-
VENEZUELA : Le président Carlos Andrés Pérez est suspendu de ses fonctions pour malversations et destitué le 21.05.1992 • Tentatives de coups d'État militaires en novembre et décembre 1992 •
ael Caldera élu président de la République le 05.12.1993. Échec d'un coup d'État contre le président Hugo Chavez le 14.04.2002. • Référendum sur le maintien d'Hugo Chavez. 59,3% de oui (15.08.2004).

nt de la République en janvier 2007 **BRÉSIL :** • Sommet de Rio : conférence des Nations Unies sur l'environnement et le développement (1992) • Luiz Inacio Lula da Silva élu président de la République le (2002.)
LI : • Salvador Allende est élu président de la République (1970) • Coup d'État militaire (1973) : mort d'Allende • Le général Pinochet prend le pouvoir jusqu'en 1989. Il est arrêté en 1999 en Grande-Bretagne. Rentré
pays en 2000, il est en attente d'être jugé. • Il échappe aux procès pour raison de santé (2005) • Michelle Bachelet, socialiste, élue présidente le 15.01.2006 Mort de Pinochet le 10-12-2006 **COLOMBIE :** • Éruption
volcan Nevado del Ruiz (1985). Destruction de la ville d'Armero (20 000 morts).• Guerre anti drogue de l'État contre le "Cartel de Medellin" (narco trafiquants) depuis 1980. Son chef, Pablo Escobar se rend aux auto
s en 1991, puis s'évade de sa prison en 1992 • Démantèlement du Cartel de Medellin • Mort d'Escobar en 1993. Guérillas et attentats (1995) • Enlèvement d'Ingrid Betancourt par les FARC le 23.2.2002. Alvaro
e Velez président le 7.8.2002. **PARAGUAY :** • Le général Stroessner, qui dirigeait en dictateur le pays depuis 1954 est renversé le 03.02.1989 par le général Andrez Rodriguez qui démocratise le pays.

L'AUSTRALIE, LA NOUVELLE-ZÉLANDE ET L'OCÉANIE

Profondeur (en m)
- 6 000 - 4 000 - 2 000 - 200 0

- □ Agglo. de plus de 1 000 000 d'habitants
- ○ Agglo. de 500 000 à 1 000 000 d'habitants
- ○ Agglo. de 100 000 à 500 000 d'habitants
- ○ Agglo. de moins de 100 000 habitants
- Capitale d'État
- Capitale ou chef-lieu d'entité administrative
- Route importante
- Chemin de fer important
- Limite d'État souverain
- Limite d'entité administrative

TIMOR-ORIENTAL (texte : voir p.

NOUVELLE-CALÉDONIE : • Accords de Matignon (1988) : statut provisoire du territoire jusqu'à de nouvelles négociations prévues en 1998 • Assassinat du leader indépendantiste Jean-Marie Tjibaou (1989) • Accord signé à Nouméa (le 21.04.1998) entre le gouvernement, le RPCR (anti-indépendantistes-les caldoches) et le FLNKS (indépendantistes-les kanaks) qui transforme les institutions issues des accords de Matignon et prévoit un référendum sur l'indépendance dans un délai compris entre 15 et 21 ans.

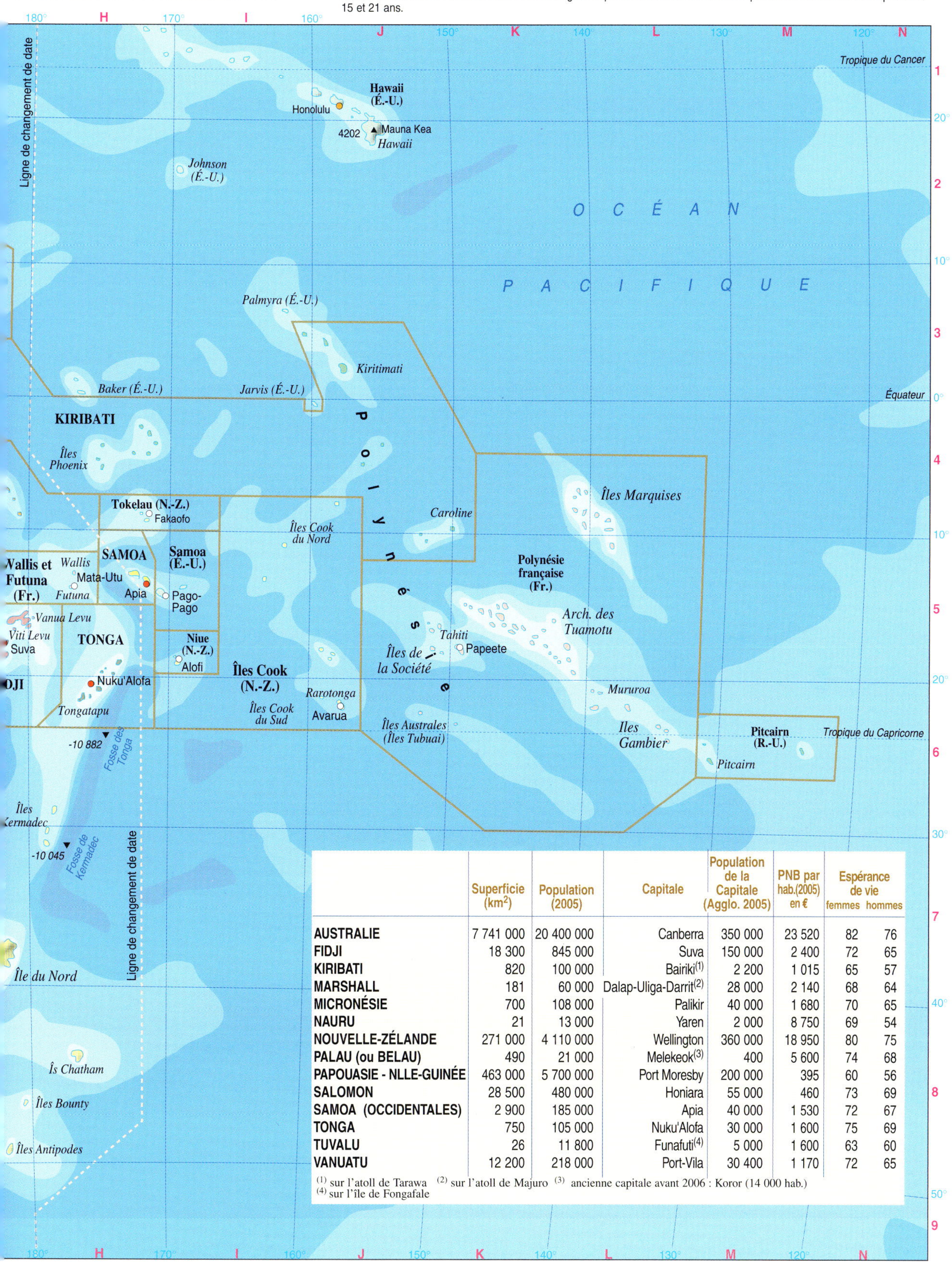

	Superficie (km²)	Population (2005)	Capitale	Population de la Capitale (Agglo. 2005)	PNB par hab.(2005) en €	Espérance de vie femmes	Espérance de vie hommes
AUSTRALIE	7 741 000	20 400 000	Canberra	350 000	23 520	82	76
FIDJI	18 300	845 000	Suva	150 000	2 400	72	65
KIRIBATI	820	100 000	Bairiki(1)	2 200	1 015	65	57
MARSHALL	181	60 000	Dalap-Uliga-Darrit(2)	28 000	2 140	68	64
MICRONÉSIE	700	108 000	Palikir	40 000	1 680	70	65
NAURU	21	13 000	Yaren	2 000	8 750	69	54
NOUVELLE-ZÉLANDE	271 000	4 110 000	Wellington	360 000	18 950	80	75
PALAU (ou BELAU)	490	21 000	Melekeok(3)	400	5 600	74	68
PAPOUASIE - NLLE-GUINÉE	463 000	5 700 000	Port Moresby	200 000	395	60	56
SALOMON	28 500	480 000	Honiara	55 000	460	73	69
SAMOA (OCCIDENTALES)	2 900	185 000	Apia	40 000	1 530	72	67
TONGA	750	105 000	Nuku'Alofa	30 000	1 600	75	69
TUVALU	26	11 800	Funafuti(4)	5 000	1 600	63	60
VANUATU	12 200	218 000	Port-Vila	30 400	1 170	72	65

(1) sur l'atoll de Tarawa (2) sur l'atoll de Majuro (3) ancienne capitale avant 2006 : Koror (14 000 hab.)
(4) sur l'île de Fongafale

JI : • Putsch du colonel Rabuka le 15.05.1987 qui entraîne le départ en masse de la population d'origine indienne • La nouvelle Constitution «raciste» privilégiant la domination des Mélanésiens l'État a été promulguée le 25.07.1990. **KIRIBATI** : • Les mines de phosphate qui faisaient la richesse du pays sont maintenant épuisées (1988). **NOUVELLE-ZÉLANDE** : • Affaire «Greenpeace» : bateau de l'organisation écologique est coulé dans le port d'Auckland par les services secrets français le 10.07.1985. **PAPOUASIE-NOUVELLE-GUINÉE** : • Tentative de sécession de l'île de ugainville en mai 1989 qui proclame son indépendance le 18.05.1990 • Échec des pourparlers de paix entre le gouvernement et les rebelles séparatistes le 10.10.1994. Accord de paix signé le 04.1998 (20 000 morts en dix ans) **VANUATU** : • Obtient son indépendance le 30.07.1980. Indépendance des Îles MARSHALL, PALAU et des ÉTATS FÉDÉRÉS DE MICRONÉSIE (anciennement s tutelle des États-Unis) en 1991.

EUROPE

ALBANIE | ALLEMAGNE | ANDORRE | ARMÉNIE | AUTRICHE

AZERBAÏDJAN | BÉLARUS | BELGIQUE | BOSNIE-HERZÉGOVINE | BULGARIE | CROATIE

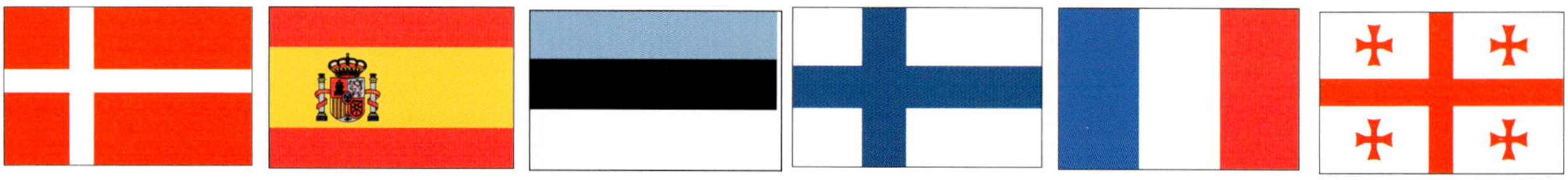

DANEMARK | ESPAGNE | ESTONIE | FINLANDE | FRANCE | GÉORGIE

GRÈCE | HONGRIE | IRLANDE | ISLANDE | ITALIE | LETTONIE

LIECHTENSTEIN | LITUANIE | LUXEMBOURG | MACÉDOINE | MALTE | MOLDAVIE

MONACO | MONTÉNÉGRO | NORVÈGE | PAYS-BAS | POLOGNE | PORTUGAL

ROUMANIE | ROYAUME-UNI | RUSSIE | SAINT-MARIN | SERBIE | SLOVAQUIE

SLOVÉNIE | SUÈDE | SUISSE | TCHÈQUE (RÉP.) | UKRAINE | VATICAN

A S I E

AFGHANISTAN ARABIE-SAOUDITE BAHREÏN

BANGLADESH BHOUTAN BIRMANIE (MYANMAR) BRUNEI CAMBODGE CHINE

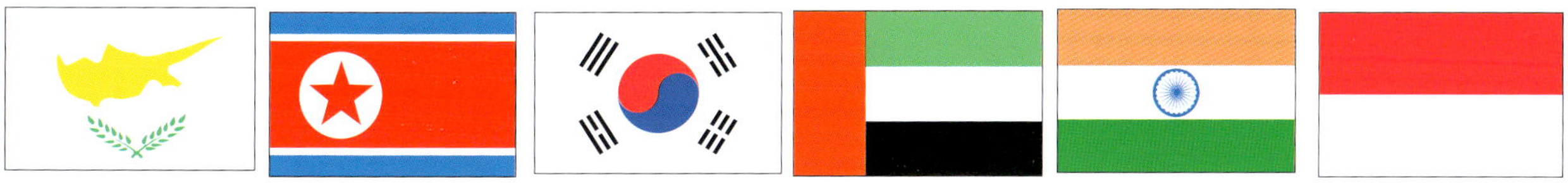

CHYPRE CORÉE DU NORD CORÉE DU SUD ÉMIRATS-ARABES-UNIS INDE INDONÉSIE

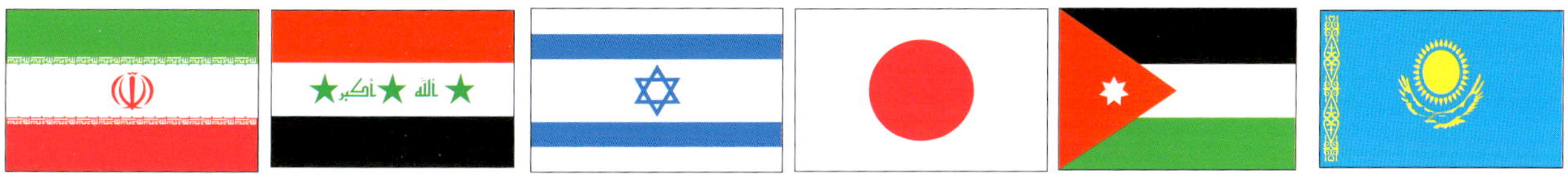

IRAN IRAQ ISRAËL JAPON JORDANIE KAZAKHSTAN

KIRGHIZIE KOWEÏT LAOS LIBAN MALAISIE MALDIVES

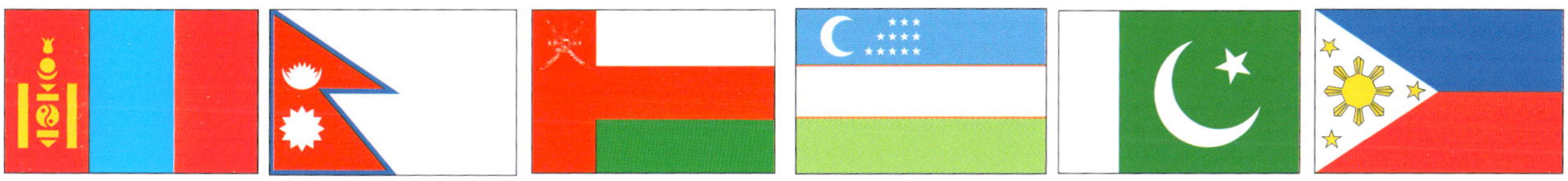

MONGOLIE NÉPAL OMAN OUZBÉKISTAN PAKISTAN PHILIPPINES

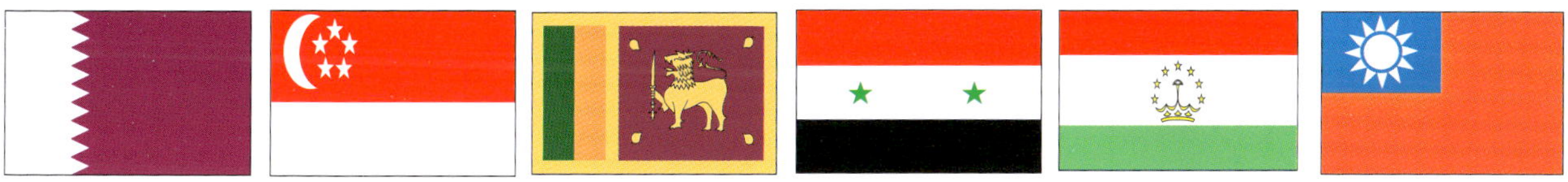

QATAR SINGAPOUR SRI LANKA SYRIE TADJIKISTAN TAÏWAN

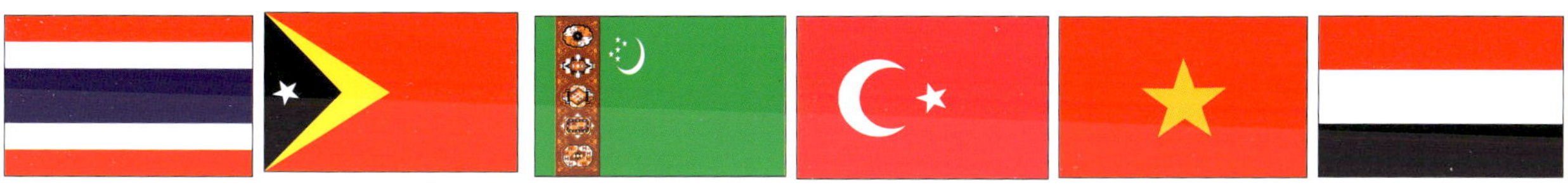

THAÏLANDE TIMOR-ORIENTAL TURKMÉNISTAN TURQUIE VIÊT NAM YÉMEN

AFRIQUE

AFRIQUE DU SUD · ALGÉRIE · ANGOLA · BÉNIN · BOTSWANA

BURKINA FASO · BURUNDI · CAMEROUN · CAP-VERT · CENTRAFRIQUE · COMORES

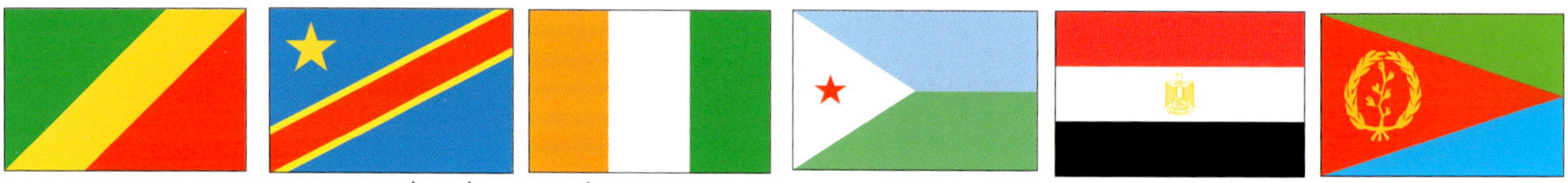

CONGO · CONGO (RÉP. DÉM.) · CÔTE-D'IVOIRE · DJIBOUTI · ÉGYPTE · ÉRYTHRÉE

ÉTHIOPIE · GABON · GAMBIE · GHANA · GUINÉE · GUINÉE-BISSAU

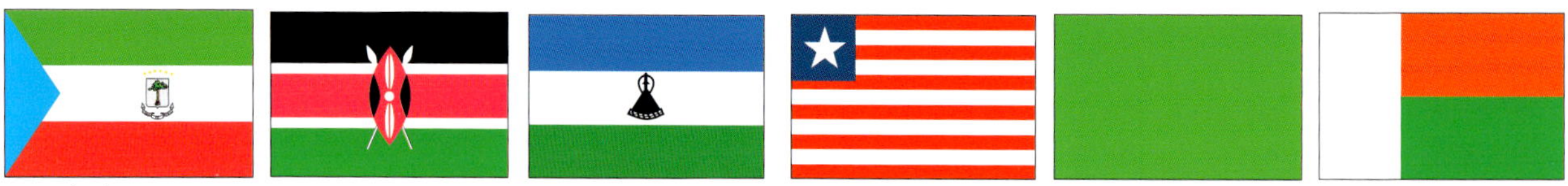

GUINÉE-ÉQUATORIALE · KENYA · LESOTHO · LIBERIA · LIBYE · MADAGASCAR

MALAWI · MALI · MAROC · MAURICE · MAURITANIE · MOZAMBIQUE

NAMIBIE · NIGER · NIGERIA · OUGANDA · RWANDA · SÃO TOMÉ ET PRINCIPE

SÉNÉGAL · SEYCHELLES · SIERRA LEONE · SOMALIE · SOUDAN · SWAZILAND

TANZANIE · TCHAD · TOGO · TUNISIE · ZAMBIE · ZIMBABWE

AMÉRIQUE

ANTIGUA ET BARBUDA · ARGENTINE · BAHAMAS · BARBADE · BELIZE

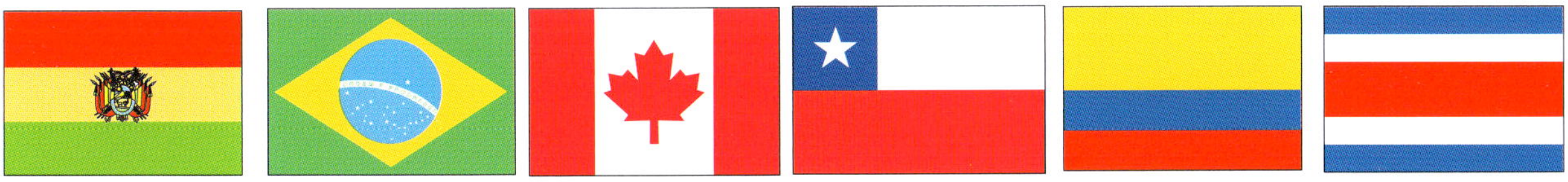

BOLIVIE · BRÉSIL · CANADA · CHILI · COLOMBIE · COSTA RICA

CUBA · DOMINICAINE (RÉP.) · DOMINIQUE · ÉQUATEUR · ÉTATS-UNIS · GRENADE

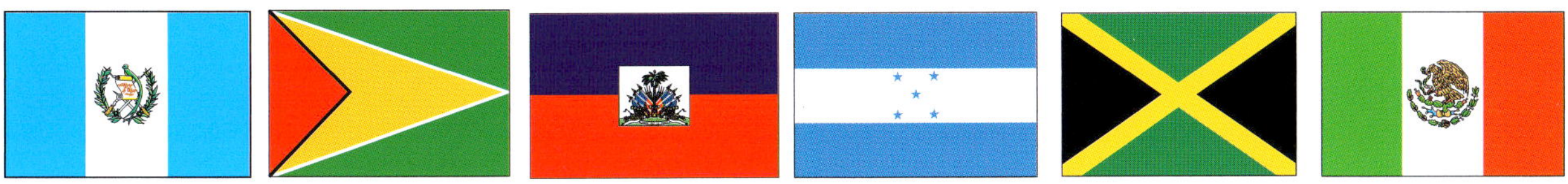

GUATEMALA · GUYANA · HAÏTI · HONDURAS · JAMAÏQUE · MEXIQUE

NICARAGUA · PANAMÁ · PARAGUAY · PÉROU · ST-CHRISTOPHE ET NIÉVÈS · SAINTE-LUCIE

ST-VINCENT ET GRENADINES · EL SALVADOR · SURINAM · TRINITÉ ET TOBAGO · URUGUAY · VENEZUELA

OCÉANIE

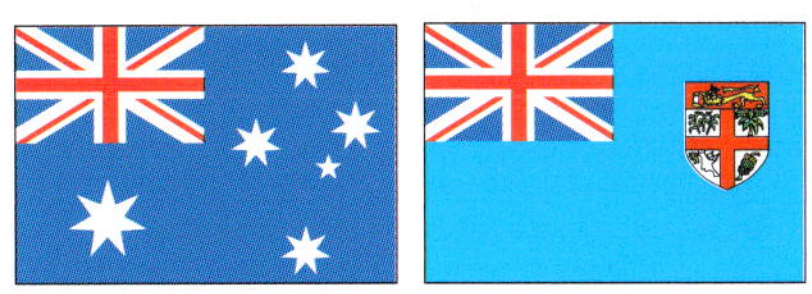

AUSTRALIE · FIDJI

KIRIBATI · MARSHALL · MICRONÉSIE · NAURU · NOUVELLE-ZÉLANDE · PALAU

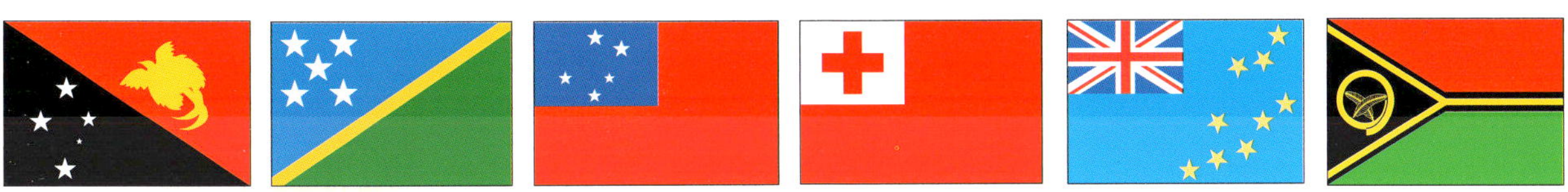

PAPOUASIE-NOUVELLE-GUINÉE · SALOMON · SAMOA · TONGA · TUVALU · VANUATU

INDEX

Le premier chiffre en gras indique le numéro de la page. Il est suivi des coordonnées de repérage du nom sur la carte. **ARMÉNIE :** pays indépendant et souverain. **Addis-Abeba** : capitale

Arch. = Archipel
B. = Baie
Barr. = Barrage
C. = Cap
Ch. = Chaîne
Cl. = Canal
Départ. = Département
Dés. = Désert
Détr. = Détroit
Dépr. = Dépression
F. = Fosse
Fj. = Fjord
Fl. = Fleuve
G. = Golfe
Î. = Île - Îs. = Îles
Isth. = Isthme
L. = Lac
Mgnes. = Montagnes
Mt. = Mont
Mts. = Monts
Parc Nat. = Parc Naturel
Pén. = Péninsule
Pl. = Plaine
Plat. = Plateau
Presq. = Presqu'île
Pte = Pointe
Riv. = Rivière
Rég. = Région
Rés. = Réservoir
Sa. = Sierra

A

Aba, **26** H8
Abaco, Gde, î, **35** G6
Abadan, **20** C2
Abakan, **19** J4
Abéché, **27** K7
Aberdeen, **10** E2
Aberystwyth, **10** D4
Abha, **20** C4
Abidjan, **26** F8
Abkhazie, Rép. d', **18** D5
Abou Dhabi, **20** D3
Abuja, **26** H8
Abymes, **12** J-K5
Acapulco, **34** E8
Accra, **26** F8
Achgabat **18** F6, **20** D2
Aconcagua, Mt., **2** F7, **37** C6
Açores, Îs., **26** A2
Acre, Rég., **36** C3
Adaja, Riv., **14** D2
Adamaoua, Massif de l', **26** I8
Adana, **20** B2, **27** N2
Adda, Riv., **13** E3
Addis-Abeba, **27** N8
Adélaïde, **38** C7
Adelaïde, Î, **5** B40
Adélie, Terre, **3** B30, **5** B29-30
Aden, **20** C4, **27** O-P7
Aden, G. d', **20** C4, **27** P-Q7
Adige, Fl., **13** E3, **15** C3
Adjarie, Rég., **18** E5
Adour, Fl., **12** B4
Adrar des Iforas, Mts., **26** F-G5
Adrar, **26** F4
Adriatique, Mer, **13** F3-4, **15** D-G3-5
Adyghéens, Rép. des, **18** D5
AFGHANISTAN, **20** E2
AFRIQUE DU SUD, **28** C-E9
Afrique, **2&3** I-K5
Agadès, **26** H6
Agadir, **26** E3
Agana, **38** D2
Agartala, **21** H3
Agen, **12** C3
Agra, **21** F3
Agrigente, **15** D7
Aguascalientes, **34** D7
Aguascalientes, Rég., **34** D7 (1)
Aguinskoïé, **19** L4
Ahaggar (Hoggar), Mts., **26** H5
Ahmadabad, **21** F3
Ahvenanmaa, Î., **11** E-F3
Aiguilles, C. des, **28** D9-10
Ain Salah, **26** G4
Ain, Riv., **12** D3
Aïr, Mts., **26** H6
Aisne, Riv., **12** D2
Aix-en-Provence, **12** D4
Aix-la-Chapelle, **12** D2
Aizawl, **21** H3
Ajaccio, **12** E4
Ajmer, **21** F3
Akron, **35** F3
Akureyri, **11** L8
Al Khur, Riv., **20** C2
Alabama, **35** F5
Alabama, Fl., **35** F5
Alagoas, Rég., **36** G3
Åland, Î., **6** K-L3
Alaska, **32** E3
Alaska, Ch. d', **32** E-F3
Alaska, G. d', **32** F4
Alba, Sa. de, Mts., **14** D1
Albacete, **14** F3
ALBANIE, **15** G-H5
Albany, **35** G3
Albatros, Î., **29** L6
Alberche, Riv., **14** D3-2
Alberta, **32** I4
Albi, **12** C4
Alboran, Î., **14** E5
Ålborg, **11** C4
Albuquerque, **34** D4
Alcaraz, Sa. d', Mts., **14** E3
Aldabra, Îs., **29** I4
Aldan, Riv., **19** N3
Alderney, Î., **12** B2
Alençon, **12** C2
Aléoutiennes, Fosse des, **2**A-B3&**3**R-S3, **32** E-F4
Aléoutiennes, Îs., **3** R-S3, **16** K-L4
Alep, **20** B2, **27** N2
Alert, **4** D
Ålesund, **11** C3
Alexandre, Arch., **32** G4
Alexandre, Î, **5** B-C40-41
Alexandrie, **12** E3, **15** B3
Alexandrie, **27** L3
Algarve, Rég., **14** B4
Alger (El-Djazair), **26** G2
ALGÉRIE, **26** F-H4
Algésiras, **14** D4
Alicante, **14** F3
Alice Springs, **38** C6
Allahabad, **21** G3
Allègre, Pte, **12** J5
ALLEMAGNE, **12-13** E-F2
Allentown, **35** G3
Allier, Riv., **12** C3
Alma Ata (voir Almaty)
Almanzor, Pics de, **14** D2
Almaty (ex-Alma Ata), **18** H5, **21** F1
Almeria, **14** E4
Almina, Pte., **14** D5
Alofi, **39** I5
Alpes Bernoises, Mt., **12** D-E3
Alpes de Transylvanie, Ch., **6** L-M6
Alpes Dinariques, Mgnes., **13** F-G3-4, **15** F3-4
Alpes, Ch., **12-13** D-E3, **15** A-B3-2
Altai Mongol, Mgnes, **19** J5, **22** A-B2
Altai Tag, Mgnes, **20-21** E-F2-1
Alto Alentejo, Rég., **14** C3
Alto Douro (voir Tras Os Montes)
Altun Shan, Mgnes, **21** G-H2
Amapá, Rég., **36** E2
Amarillo, **34** D4
Amaro, Mt., **15** E4
Amazone, Fl., **2** G6, **36** E3
Amazonie, Rég., **30** H-I5, **36** D3
Ambato, **36** C3
Amboine (Ambon), **23** E7, **38** B4
Ambon (voir Amboine)
Ambre, C. d', **29** I-J5
Amderma, **4** B13
Amérique Centrale, **37** L-M11
Amérique du Nord, **30** F-G2
Amérique du Sud, **30** H-I5
Amérique, Haut Plat. d', **3** C33-32
Amery, Barrière d', **3** B33
Amga, Riv., **19** N3
Amgoun, Riv., **19** N4
Amiens, **12** C2
Amirantes, Î., **29** J4
Amman, **20** B2, **27** N3
Ammassalik, **32** Q3
Amou-Daria, Fl., **18** G5-6, **20** E1
Amour (Heilong Jiang), Fl., **19** N5, **22** F1
Amritsar, **21** F2
Amsterdam, **12** D1
Amundsen, G. d', **32** G-H2
Amundsen, Mer d', **3** B-C42
Amundsen-Scott, **5** D
Anabar, Fl., **19** L2
Anadyr, **19** R3
Anadyr, Ch. de l', **19** R3
Anadyr, Fl., **19** R3
Anadyr, G. d', **19** S3
Anápolis, **36** F4
Anatolie, Plat. d', **7** N8
Anatolie, Rég., **15** K6
Anchorage, **32** F3
Ancohuma, Mt., **30** H5
Ancône, **13** F4, **15** D4
Andalousie, Rég., **14** C-E4
Andaman, Îs., **21** H4
Andaman, Mer d', **21** H4-5, **23** B6
Anderson, Mt., **28** F8
Andes, Cordillère des, **2** F6-8, **36** C3-6
Andhra-Pradesh, Rég., **21** F4
ANDORRE, **12** C4, **14** G1
Andorre-la-Vieille, **12** C4
Andros (Grèce), Î., **15** J7
Andros (Bah.), Î., **35** G7
Aneto, Pic d', **12** C4
Aneto, Pic d', **14** G1
Angara, Riv., **19** J4
Angarsk, **19** K4
Angerman, Fl., **11** E3
Angers, **12** B3
Anglesey, Î., **10** D4
Angleterre, **10** E-F3-5
Anglo-Normandes, Îs., **12** A-B2
ANGOLA, **28** C5
Angoulême, **12** C3
Anguilla, Î., **36** I9
Anhui, Rég., **22** D3
Anjou, Rég., **12** B-C3
Ankara, **20** B2, **27** M2
Ankaratra, Mts., **29** I6
Annaba (Bône), **26** H2
Annapolis, **35** G4
Annapurna, Mt., **21** G3
Annecy, **12** D3
Annobon, Î., **26** H10
Anshan, **19** M5, **22** E2
Antalya, **20** B2
Antananarivo (ex-Tananarive), **29** I6
Antarctique, **2&3** I-N9
Anticosti, Î., **32** N5
ANTIGUA ET BARBUDA, **36** I9
Antigua, Î., **36** I9
Antilles Néerlandaises, Îs., **36** D1
Antilles, Grandes, **30** G-H3-4
Antilles, Îs., **36** I-J9-10
Antilles, Mer des, **2** E-F5
Antilles, Petites, **30** H4
Antipodes, Îs., **39** G-H8
Antofagasta, **37** C5
Antrim, Mts., **10** C-D3
Antseranana, **29** I5
Anvers, **12** D2
Anvers, Î, **5** B40
Aoste, **12** D3, **15** A3
Apennins, Mts., **13** E-F4, **15** B-D3-4
Apennins, Mts., **15** B-D3-4
Apia, **39** H5
Apo, Mt., **23** E6
Appalaches, Mgnes, **35** F-G5-3
Aqaba, G. d', **20** B3
Aquitain, Bassin, Rég., **12** B-C3-4
ARABIE SAOUDITE, **20** C3, **27** O-P4-5
Arabie, Rég., **27** O4-5
Aracaju, **36** G4
Arad, **13** H3, **15** H2
Arafura, Mer d', **23** F7, **38** C4
Aragon, Rég., **14** F2
Aragon, Riv., **14** F1
Araguaia, Riv., **30** I5
Aral, Mer d', **18** F-G5, **20** D-E1
Aranjuez, **14** E2-3
Ararat, Mt., **18** E6, **20** C2
Araxe, Fl., **20** C2
Arc, Riv., **12** D3
Arctique, Océan, **18** E-Q2
Arctowski, **5** B39
Ardenne, Mts., **12** C-D2
Arequipa, **36** C4
ARGENTINE, **37** D6
Argoun, Riv., **19** L4
Århus, **11** D4
Arica, **37** C4
Arizona, **34** C5
Arkansas, **35** E4
Arkansas, Riv., **34** E4
Arkhangelsk, **11** J3
Arktitcheski, C., **19** I-J1
Arlit, **26** H6
ARMÉNIE, **18** E5-6, **20** C1-2
Arménie, Rég., **7** P8
Arnhem, **12** D1
Arno, Fl., **13** E4
Arouhouimi, Riv., **27** L9
Arran, Î., **10** D3
Arras, **12** C2
Arturo-Prat, **5** B39
Aru, Îs., **23** F7, **38** C4
Aruba, Î., **36** C-D1
Arunachal Pradesh, Rég., **21** H3
Aruwimi, Riv., **28** E2
Ascension, Î. de l', **2** I6
Asie Mineure, **24** D2
Asie, **16** E-H4
Asmara, **27** N6
Assab, **27** O7
Assam, Rég., **21** H3 (6)
Assiout, **27** M4
Assouan, **27** M5
Assouan, Barr. d', **27** M5
Astana, **18** H4
Astrakhan, **18** E5
Asturies, Rég., **14** C-D1
Asunción, **37** E5
Atacama, Fosse de l', **37** C5
Atbara, **27** M6
Atbara, Riv., **27** M-N6
Athabasca, L., **32** J4
Athabasca, Riv., **32** I4
Athènes, **15** I6-7
Athlone, **10** C4
Athos, Mt., **15** J5
Atlanta, **35** F5
Atlantique, Océan, **2** A25
Atlas Saharien, Mgnes, **26** F-G3
Atlas Tellien, Mgnes, **26** G3-2
Atlas Tellien, Mgnes., **24** B-C2
Atlas, Anti, Mgnes, **26** E4-3
Atlas, Haut, Mgnes, **26** E-F3
Auas, Mt., **28** C7
Auch, **12** C4
Auckland, **38** G7
Auckland, Îs., **38** F-G9
Aude, Fl., **14** H1
Augsbourg, **13** E2
Augusta, **35** H3
Aurillac, **12** C3
Austin, **34** E5
Austral, Océan, **3** K-L8
Australes, Îs. (Îs. Tubuai), **39** J6
Australie Mérid., Rég., **38** C6
Australie Occid., Rég., **38** B6
AUSTRALIE, **38** B-C6
Australienne, Cordillère, **38** D-E5-6
Australienne, Gde B., **38** B-C7
AUTRICHE, **13** F3-2
Auvergne, Rég., **12** C3
Auxerre, **12** C3
Avarua, **39** J6
Aveyron, Riv., **12** C3
Avignon, **12** D4
Avila, **14** D2
Ayr, **10** D3
AZERBAÏDJAN, **18** E5, **20** C1
Azov, Mer d', **18** D5

B

Bab el Mandab, Dét. de, **20** C4, **27** O-P7
Bacau, **15** K2
Bachkirie(Bachkortostan), Rép. de, **18** F4
Bachkortostan (voir Bachkirie)
Badajoz, **14** C3
Badalona, **14** H2
Baffin, B. de, **32** N2
Baffin, Mer de, **30** H1
Baffin, Terre de, **32** M-N2-3
Bagdad, **20** C2, **27** O3
Baguio, **23** E5
Bahama, Gd, î, **35** G6
BAHAMAS, **35** G6
Bahamas, Îs., **30** H3
Bahia Blanca, **37** D6
Bahia, Rég., **36** F4
Bahr el-Arab, Riv., **27** K-L7-8
Bahr el-Djebel, Riv., **27** M8, **28** F1-2
BAHREIN, **20** D3, **27** Q4
Baia Mare, **13** H3, **15** I2
Baidoa, **27** O9
Baie Comeau, **32** N5
Baïkal, L., **19** K4
Baile Atha Cliath (voir Dublin)
Bairiki, **38** G3
Baixo Alentejo, Rég., **14** B3-4
Baker, Î., **39** H3
Bakony, Mts., **13** G3
Bakou, **18** E5
Balabac, Dét. de, **23** D6
Balagne, Rég., **12** E4
Balaton, L., **13** G3
Bâle, **12** D3
Baléares, Îs., **14** G-H3-2
Baléares, Rég.,**14** H3
Bali, Î., **23** D7
Balkan, Mgnes., **15** I-K4
Balkans, Pén. des, **6** K-M7
Balkhach, L., **18** H5
Ballina, **10** B3
Balmoral, **10** E2
Balsas, Fl., **34** E8
Balti (ex-Bieltsy), **15** K2
Baltimore, **35** G4
Baltique, Mer, **11** E-F4
Baltiques, Collines, **11** F-G4
Bamako, **26** E7
Banat, Rég., **15** H-I3
Banda, Mer de, **23** E7, **38** B4
Bandama, Fl., **24** B3
Bandar Seri Begawan, **23** D6, **38** A3
Bandeira, Pico de la, **37** F5
Bandung, **23** C7
Bangalore, **21** F4
Banggai, Îs., **23** E7
Bangka, Î., **23** C7
Bangkok, **21** I4, **23** C5
BANGLA DESH, **21** G-H3
Bangor, **10** D3
Bangui, **27** J9, **28** C2
Bangweulu, L., **28** E-F5
Bani, Riv., **26** E7
Banja Luka, **13** G3, **15** F3
Banjarmasin, **23** D7
Banjul, **26** C7
Banks, Î., **32** H2
Banks, Terre de, **2** C21
Baotou, **22** C2
Bar-le-Duc, **12** D2
BARBADE, **36** J10
Barbuda, Î., **36** I9
Barcelone, **14** H2
Barcelos, **36** D3
Bardaï, **26** J5
Bardera, **27** O9, **29** H2
Bareilly, **21** F3
Barents, Mer de, **11** I1, **18** D-E2
Barfleur, Pte de, **12** B2
Bari, **15** F5
Barisan, Mts., **21** H-I5, **23** C7
Barito, Fl., **23** D7
Barnaoul, **18** I4
Barnstaple, **10** D5
Barquisimeto, **36** D1
Barranquilla, **36** C1
Barrière de Corail, Gde, **38** D-E5-6
Barrow, **32** E2
Barrow, Dét. de, **32** J-K2
Barrow, Pte., **32** E2
Basques, Prov., **14** E1
Bass, Détr. de, **38** D8-7
Bassas da India, Î., **28** G7
Basse-Autriche, Rég., **13** G2
Basse-Californie du Nord, Rég., **34** C5
Basse-Californie du Sud, Rég., **34** C5
Basse-Californie, **34** C6
Basse-Saxe, Rég., **12-13** D-E1
Basse-Terre, **12** J5-6
Basses, Pte. des, **12** K6
Basseterre, **36** I9
Bassin, Gd, **32** I5
Bassorah, **20** C2, **27** P3
Bastia, **12** E4
Bata, **26** H9
Bath, **10** E5
Bathurst, Î., **32** J-K2
Batna, **26** H2
Baton Rouge, **35** E5-6
Batoumi, **18** E5
Battambang, **23** C5
Batu, Mt., **27** N8
Bavière, Rég., **13** E-F2
Bayamo, **35** G7
Bayonne, **12** B4
Beaufort, Mer de, **32** F-G2
Beauvais, **12** C2
Béchar, **26** F3
Bedford, **10** F4
Beijing (Pékin), **19** L6
Beira Alta, Rég., **14** C2
Beira Baixa, Rég., **14** C2-3
Beira, **28** F-G6
Béja, **14** C3
BÉLARUS (BIÉLORUSSIE), **11** G5
Belau (voir Palau)
Belcher, Îs., **32** L4
Belém, **36** F3
Belet Uen, **27** O9
Belfast, **10** D3
Belfort, **12** D3
BELGIQUE, **12** C-D2
Belgrade, **13** H3, **15** H3
Belitung, Î., **23** C7
BELIZE, **35** F8, **37** L11
Belle-Île, Î., **12** B3
Belle-Isle, Dét. de, **30** I-J2
Bellingshausen, Mer de, **3** B-C41
Belmopan, **35** F8, **37** L11
Belo Horizonte, **37** F4
Ben Nevis, Mt., **10** D2
Bénarès (voir Varanasi)
Bengale Occid., Rég., **21** G3
Bengale, G. du, **21** G-H4
Benghazi, **27** J-K3
BÉNIN, **26** G7
Bénin, G. de, **26** G8-9
Bénoué, Riv., **26** H8
Berbera, **27** P7
Berberati, **26** J9
Berckeley, **34** B4
Bergame, **13** E3, **15** B3
Bergen, **11** C3
Béring, Dét. de, **32** C-D3
Béring, Mer de, **19** R-S3-4, **32** C-D3
Berlin, **13** F1
Bermejo, Riv., **37** D5
Bermudes, Îs, **35** H5
Berne, **12** D3
Bernina, Pic, **13** E3, **15** B2
Berry, Rég., **12** C3
Besançon, **12** D3
Beskides, Mts., **13** G-H2
Betsiboka, Fl., **29** I6
Beyrouth, **20** B2, **27** N3
Béziers, **12** C4
Bhopal, **21** F3
BHOUTAN, **21** H3
Bhubaneshwar, **21** G3
Bialystok, **13** H1
Biarritz, **14** F1
Bichkek (ex-Frounze), **18** H5, **21** F1
Bié, Plat. de, **28** B-C5
Bielaïa, Riv., **7** S5
Bielefeld, **12** E1
Bielomorsk, **11** H3
Biélorussie (voir Bélarus)
Bieloukha, Mt., **18** I4-5
Bielsko-Biala, **13** G2
Bighorn, Riv, **34** D3
Bihar, Rég., **21** G3
Bikini, Î., **38** F2
Bilbao, **14** E1
Billings, **34** D2
Bilma, **26** I6
Bioko (Fernando Poo), Î., **26** H9, **28** A2
Bir Mogrein, **26** D4
Birkenhead, **10** E4
BIRMANIE (MYANMAR), **21** H3, **22** B4
Birmingham, **10** F4
Birmingham, **35** F5
Birobidjan, **19** N5
Birobidjan, Rép. Juive de, **19** N5
Bismarck, **34** D2
Bismark, Arch., **38** D-E4
Bissagos, Arch. des, **26** C7
Bissau, **26** C7
Bitola (ex-Monastir), **15** H5
Black Hills, Mt., **32** J5
Blackburn, **10** E4
Blackpool, **10** E4
Blackwater, Fl., **10** B4
Blanc, C., **26** H-I2
Blanc, L., **11** I3
Blanche, Mer, **11** I2, **18** D-E3
Blanches, Mgnes, **35** G3
Blanco, C., **34** B3
Blanquilla, Î., **36** I10
Blantyre, **28** F-G6
Bleu, Mt., **35** G8, **36** C1
Blida, **14** H4
Bloemfontein, **28** E8
Blois, **12** C3
Bo, **26** D8
Boa Vista, **36** D2
Boa Vista, î., **24** A3
Bobigny, **12** C2
Bobo-Dioulasso, **26** F7
Bobrouïsk, **11** G5
Bochiman, Pays, Rég., **28** C-D8
Bochum, **12** D2
Bodo, **11** D2
Bodrog, Riv., **13** H2
Bogotá, **36** C2
Bohême, Mts. métallifères de, **11** D5
Bohême, Rég., **13** F2
Bohol, Î., **23** E6
Boise, **34** C3
Bolchevik, Î., **19** K-L2
Bolivar, Pic, **36** C2
BOLIVIE, **36** D4
Bologne, **13** E3, **15** C3
Bolsena, L. de, **13** E4
Bolton, **10** E4
Bolzano, **13** E3, **15** C2
Bombay, **21** F4
Bömerwald, Mts., **13** F2
Bon, C., **15** C7
Bonaire, Îs., **36** D1
Bône (voir Annaba)
Bongo, Massif des, **27** K8
Bonifacio, Bouches de, **15** B5
Bonin, Îs. **16** J7
Bonn, **12** D2
Bonne-Espérance, C. de, **28** B-C9
Bonny, G. de, **26** H9
Boothia, G. de, **32** K-L2-3
Bordeaux, **12** B3
Borisov, **11** G5
Bornéo (Kalimantan), Î., **23** D6, **38** A3-4
Bornholm, Î., **11** E4-5
Bosna, Riv., **13** G3
BOSNIE-HERZÉGOVINE, **13** G3, **15** F-G3
Bosphore, Dét., **20** A-B1
Boston, **35** G3
Botnie, G. de, **11** E-F3
Botrange, Signal de, Mt., **12** D2
BOTSWANA, **28** D-E7
Bouaké, **26** E8
Bouchir, **20** D3
Boug, Fl., **7** N6
Bougainville, F. de, **3** Q6
Bougainville, Î., **38** E4
Boukhara, **18** G6, **20** E2
Bounty, Îs., **39** H8
Bouraimi, **20** D3
Bourg-en-Bresse, **12** D3
Bourges, **12** C3
Bourgogne, Rég., **12** C-D3
Bouriates d'Aguinskoïé, Rég. des, **19** L4
Bouriates d'Oust-Ordynski, Rég. des, **19** K4
Bouriatie, Rép. de, **19** K-L4
Bournemouth, **10** F5
Brac, Î., **13** G4
Bradford, **10** F4
Braga, **14** B2
Bragança, **14** C2
Brahmapoutre, Riv., **21** H3
Braila, **15** L3
Branco, Riv., **36** D2
Brandebourg, Rég., **13** F1
Brasilia, **36** F4
Brasov, **15** J3
Bratislava, **13** G2
Bratsk, **19** K4
Bray, **10** C4
Brazos, Fl., **34** E5
Brazzaville, **28** C3
Breda, **12** D2
Breidhafjord, Fj., **11** K8
Brême, **12** E1
Bremerhaven, **12** E1
Brenta, Riv., **13** E3
Brescia, **13** E3, **15** C3
BRÉSIL, **36** E-F4
Brésil, Plat. du, **36** E-F3-4
Breslau (voir Wroclaw)
Brest (Brest-Litovsk) **12** A2, **13** H1
Brest-Litovsk (voir Brest)
Bretagne, Pte. de, **12** N10
Bretagne, Rég., **12** B2-3
Briansk, **11** H5, **18** D4
Bridgetown, **36** J10
Brighton, **10** F5
Brindisi, **15** F5
Brisbane, **38** E6
Bristol, **10** E5
Bristol, B. de, **32** D-E4
Bristol, Cl. de, **10** D-E5
Britanniques, Îs., **16** B4-3
Brno, **13** G2
Brooks, Ch. de, **32** E-F3
Brownsville, **34** E6
Bruges, **12** C2
BRUNEI, **23** D6, **38** A3
Brunswick, **13** E1
Brussel (voir Bruxelles)
Bruxelles (Brussel), **12** D2
Bucaramanga, **36** C2
Bucarest, **15** K3
Buckingham, **10** F4
Budapest, **13** G3
Buenaventura, **36** C2
Buenos Aires, **37** E6
Buffalo, **35** G3
Bug, Riv., **13** H1
Bügük, Fl., **15** K7
Bujumbura, **27** L10, **28** E3
Bukama, **28** E4
Bukavu, **28** E3
Bulawayo, **28** E7
BULGARIE, **15** I-K4
Burgas, **15** K4
Burgos, **14** E1
BURKINA (FASO), **26** F7
Buru, Î., **23** E7
BURUNDI, **27** M10, **28** E-F3
Bushmanland, Rég., **28** C-D8
Buta, **27** K-L9
Butuan, **23** E6
Butung, Î., **23** E7
Byalistok, **8** L5
Bydgoszcz, **13** G1
Byrranga, Mt. de, **19** J-K2
Bytom, **13** G2

C

C.E.I. (ex-U.R.S.S.), **11** H4
Ca mau, C., **23** C6
Cabinda (Angola), **28** B4
Cabora Bassa, L., **28** F6
Cabot, Dét. de, **30** I2
Cabriel, Riv., **14** F3
Cáceres, **14** C3
Cachemire, **21** F2
Cadix, **14** C4
Cadix, G. de, **14** C4
Caen, **12** B2
Cagliari, **15** B6
Cahors, **12** C3
Cairns, **38** D5
Calabar, **26** H9
Calais, **12** C2
Calcutta, **21** G3
Calédonien, Cl., **10** D2
Calgary, **32** I4
Cali, **36** C2
Calicut, **21** F4
Californie, **34** C4
Californie, G. de, **34** C-D5-7
Callao, **36** C4
Camaguey, **35** G7
Camarat, C., **12** D4
CAMBODGE, **21** I4, **23** C5
Cambridge, **10** G4
Cambriens, Mts., **10** E4
CAMEROUN, **26** I8, **28** A-B1
Cameroun, Mt., **26** H9, **28** A2
Campbell, Î., **38** G9
Campeche, **35** E8
Campeche, G. de, **35** E7-8
Campeche, Rég., **35** E8
Campinas, **37** F5
Campo Grande, **37** E5
Campobasso, **15** E5
Campos, **37** F5
Campos, Rég., **36** E-F4
CANADA, **32** I-K4, **34-35** D-F1
Canadian, Riv., **34** D4
Canadien, Bouclier, **32** K-M4-5
Canaria, Gran, Î., **26** C4
Canaries, Îs., **26** C4
Canaveral, C. (Cap Kennedy), **35** F-G6
Canberra, **38** D7
Cancun, **35** F7
Canigou, Mt., **12** C4
Cantabrie, Rég., **14** D-E1
Cantabriques, Mts., **14** C-E1
Cantal, Plomb du, Mt., **12** C3
Canterbury, **10** G5
Canton (Guangzhou), **22** D4, **38** A1
Cap-Vert, Îs. du, **2** H5
Cap-Est, Rég. du, **28** E9
Cap Nord, Rég. du, **28** D9
Cap-Ouest, Rég. du, **28** C-D9
CAP-VERT, **4** H5
Cap-Vert, C., **24** B3
Capesterre, **12** K6
Capesterre-Belle-Eau, **12** J5
Capitol Hill, **38** C3
Caprivi, Couloir de, **28** D6
Caracas, **36** D1
Caraïbes, Mer des, **12** J5, **30** H4, **31** H4, **36** C-D1
Caravelle, Presqu. de la, **12** M7
Carbonara, C., **15** B-C6
Carcassonne, **12** C4
Cardiff, **10** E5
Cardigan, B. de, **10** D4
Carélie, Rég., **6-7** N3
Carélie, Rép. de, **11** H3, **18** D3
Cargados, Îs., **29** K-L6
Carlisle, **10** E3
Carnsore, Pte, **10** C4
Caroline du Nord, **35** F-G4
Caroline du Sud, **35** F-G5
Caroline, Î., **38** J-K4
Carolines, Îs., **38** D-E3
Carpates Mérid., Mgnes., **15** I-J3
Carpates, Mts., **13** H2, **15** J2-3
Carpentarie, G. de, **38** C-D5
Carrantuohill, **10** B4
Carson City, **34** C4
Cartagena, **36** C1
Carthagène, **14** F4
Caruaru, **36** G3
Casablanca, **26** E3
Cascades, Ch. des, **34** B3-2
Case Pilote, **12** L7
Caspienne, Mer, **18** E-F5-6, **20** D1-2
Castagniccia, Rég., **12** E4
Castellõn de la Plana, **14** F2-3
Castille-La Manche, Rég., **14** E3
Castille-Léon, Rég., **14** D-E2
Castlebar, **10** B4
Castries, **36** I10
Cat, î, **35** G7
Catalogne, Rég., **14** G-H2-1
Catane, **15** E7
Catanzaro, **15** F6
Catoche, C., **35** F7
Caucase, Ch., **18** E5, **20** C1
Caveri, Fl., **21** F4
Cayambé, Mt., **36** C2
Cayenne, **36** E2
Cayman, î., **35** F8
Cea, Riv., **14** D1
CearÆa, Rég., **36** F-G3
Cebu, **23** E5
Célèbes (Sulawesi), Î., **23** D-E7, **38** B3-4
Célèbes, Mer de, **23** E6, **38** B3
Centrafricaine, Rép. (voir Centrafrique)
CENTRAFRIQUE (RÉP. CENTRAFRICAINE), **27** J-K8, **28** C-D1
Central, Massif, Ch., **6** H6
Centrale, Ch., **19** P4
Céphalonie, Î., **15** G-H6
Céram, Î., **23** E7, **38** B4
Céram, Mer de, **23** E-F7
Cerf, Î., **29** J4
Cergy-Pontoise, **12** C2
Ceske-Budejovice, **13** F2
Ceuta **14** D5
Ceuta, **26** E2
Cévennes, Mts., **12** C-D3
Ceylan, Î., **3** N5
Châlons-en-Champagne, **12** D2
Chambal, Riv., **21** F3
Chambéry, **12** D3
Champagne, Rég., **12** C-D2
Chandigarh, Rég., **21** F2 (1)
Chandigarh, **21** F2
Chang-Hai (voir Shanghai)
Chang-Tang, Plat. du, **21** F-G2
Changchun, **19** M5, **22** E2
Changsha, **22** D4
Charente, Fl., **12** B3
Chari, Riv., **27** J8
Charleroi, **12** D2

Charleston, 35 F4
Charleville-Mezières, 12 D2
Charlotte, 35 F4
Charlottetown, 32 N5
Chartres, 12 C2
Châteauroux, 12 C3
Châteaux, Pte. des, 12 K5
Chatham, 10 G5
Chatham, Îs., 39 H8
Chattanooga, 35 F4
Chaumont, 12 D2
Chech, Erg, 26 F4-5
Cheju, Î., 22 E3
Cheliff, Fl., 14 G4
Cheltenham, 10 E5
Chemnitz (ex-Karl Marx Stadt), 11 D5, 13 F2
Chengdu, 21 I2, 22 C3
Chengdu, 5 O4
Cher, Riv., 12 C3
Cherbourg, 12 B2
Chetumal, 35 F8
Cheviot, Mts., 10 E3
Cheyenne, 34 D3
Chiang Mai, 21 H4, 22 B5
Chiapas, Rég., 35 E8
Chicago, 35 F3
Chiclayo, 36 C3
Chicoutimi, 32 M5
Chidley, C., 32 N-O3
Chihuahua, 34 D6
Chihuahua, Rég., 34 D6
Chijiga, G. de, 19 P3
CHILI, 37 D-C5-6
Chilka, Riv., 19 L4
Chilpancingo, 34 E8
Chiltern Hills, 10 F5
Chimborazo, Mt., 36 C3
Chimbote, 36 C3
Chine (Grande Muraille), 22 C3
Chine du Sud, Plat. de, 16 H7
Chine Mérid., Mer de, 23 D-C5-6, 38 A2
Chine Orientale, Mer de, 22 E3-4
CHINE, 18 I-J5, 21 G-H2, 22 B-D3
Chine, Pl. de, 16 H6
Chios, Î., 15 J6
Chipata, 28 F5
Chiraz, 20 D3, 27 Q3
Chisinau (ex-Kichinev), 15 L2, 18 C5
Chittagong, 21 H3
Chongjin, 22 E2
Chongqing, 21 I2-3, 22 C4
Chorzow, 13 G2
Chott Djerid, L., 24 C2
Christchurch, 38 G8
Christmas, Î., 2 B5
Chubut, Fl., 37 D7
Churchill, 32 K4
Churchill, Fl., 32 K4
Churchill, Fl., 32 N4
CHYPRE, 20 B2, 27 M2
Cienfuegos, 35 F7
Cimarron, Riv., 34 E4
Cinca, Riv., 14 G1
Cincinnati, 35 F4
Cinto, Mt., 12 E4
Citlaltepetl, Mt., 34 E8
Ciudad Guayana, 36 D2
Ciudad Juarez, 34 D5
Ciudad Obregon, 34 C-D6
Ciudad Real, 14 E3
Ciudad Victoria, 34 E7
Clermont-Ferrand, 12 C3
Cleveland, 35 F3
Clipperton, Î., 30 F4
Cluj-Napoca, 15 I2
Clyde River, 32 N2
Clyde, Firth of, 10 D3
Coahuila, Rég., 34 D6
Coats, Terre de, 3 C38-37
Coblence, 12 D2
Cochabamba, 36 D4
Cochin, 21 F5
Cochrane, 32 L5
Cocos, Îs., 2 E5
Cod, C., 35 G3
Coimbre, 14 B2
Colchester, 10 G5
Coleraine, 10 C3
Colima, 34 D8
Colima, Rég., 34 D8
Colmar, 12 D2
Cologne, 12 D2
Colombie-Britannique, Rég., 32 H4
COLOMBIE, 36 C-D2
Colombo, 21 F-G5
Colorado Springs, 34 D4
Colorado, 34 D4
Colorado, Fl., 34 D-C4-5
Colorado, Fl., 34 E5
Colorado (Arg.), Fl., 37 D6
Columbia, 35 F5
Columbia, Fl., 34 B-C2
Columbretes, Îs., 14 G3
Columbus, 35 F4
Côme, 12 E3
Côme, L. de, 12 E3, 15 B-C2-3
Communauté des États Indépendants (ex-U.R.S.S.), 5 N-P2-3
Comore, Gde, Î., 29 H-G5
COMORES, 29 H5
Comorin, C., 21 F5
Conakry, 26 D8
Concepción, 37 C6
Conception, Pte, 34 B5
Conchos, Riv., 34 D6
Concord, 35 G3
CONGO (RÉP. DÉM. DU) (EX-ZAÏRE), 27 K-L9, 27 D3
CONGO, 26-27 J10-9, 28 B-C3
Congo, Bassin du, 28 C-D3
Congo, Fl. (voir Zaïre)
Connaught, Rég., 10 B4
Connecticut, 35 G3
Connecticut, Riv., 35 G3
Connemara, Rég., 10 B4
Constance, 12 E3
Constance, L. de, 13 E3
Constanta, 15 L3
Constantine (voir Qacentina)
Cook, Dét. de, 38 G7-8
Cook, Îs., 39 I5
Cook, Mt., 38 G8
Cooper, Riv., 38 C-D6
Copenhague, 11 D4
Corail, Mer de, 38 E5
Córdoba, 37 D6
Cordoba, 4 F7
Cordoue, 14 D4
CORÉE DU NORD, 19 M5-6, 22 E3-2
CORÉE DU SUD, 19 M-N6, 22 E3
Corée, Dét. de, 22 E-F3
Corfou, 15 G6
Corfou, Î., 15 G6
Corinthe, G. de, 15 I6
Cork, 10 B5
Corpus Christi, 34 E6
Corrib, L., 10 B4
Corrientes, 37 E5
Corrientes, C., 34 D7
Corse, 15 E4
Corse, C., 12 E4
Cosenza, 15 F6
COSTA-RICA, 37 L12
CÔTE D'IVOIRE, 26 E-F8
Côtière, Ch., 32 G-H4 & H6-5
Cotonou, 26 G8
Cotswold Hills, 10 E-F5-4
Cottbus, 13 F2
Coubre, Pte de la, 12 B3
Coventry, 10 F4
Cracovie, 13 G-H2
Craiova, 15 I3
Crémone, 13 E3, 15 B-C3
Cres, Î., 13 F3
Crète, Î., 8 L8, 15 J8
Créteil, 12 C2
Creus, C. de, 12 C4, 14 H-I1
Creuse, Riv., 12 C3
Crewe, 10 E4
Crimée, Presqu., 18 D5
Crimée, Rég., 7 N6
CROATIE, 13 G3, 15 F3
Crossfell, Mt., 10 E3
Crozet, Îs., 3 L8
Cruzeiro do Sul, 36 C3
Cuango, Riv., 28 C4
CUBA, 35 G7, 36 C0
Cubango, Riv., 28 C6
Cuenca (Esp.), 14 E2
Cuenca (Éq.), 36 C3
Cuenca, Serrania de, Mgnes., 14 E-F2-3
Cuernavaca, 34 E8
Cuiabá, 36 E4
Culiacán, 34 D7
Cumbrian, Mts., 10 E3
Cunene, Fl., 28 B6
Curaçao, Îs., 36 D1
Curitiba, 37 F5
Cuttack, 21 G3
Cuzco, 36 C4
Cyclades, Îs., 15 J7
Cythère, Î., 15 I7
Czestochowa, 13 G2

D

Da Nang, 23 C5
Daba Shan, Mgnes, 21 I2
Dacca, 21 H3
Dachan, Mt., 20 B4
Daghestan, Rép. du, 18 E5
Dahana, Rég., 20 C3
Daisetsu, Mt., 22 G2
Dakar, 26 C7
Dakhla, 26 C5
Dakota du Nord, 34 D-E2
Dakota du Sud, 34 D-E3
Dal, Fl., 11 E3
Dalandzadgad, 19 K5, 22 C2
Dalap-Uliga-Darrit, 38 G3
Dallas, 34 E5
Dalmatie, Rég., 15 F4
Daloa, 26 E8
Dalton, Glacier, 3 B30-31
Damaraland, Rég., 28 C7
Damas, 20 B2, 27 N3
DANEMARK, 11 C-D4
Danemark, Dét. de, 32 S-R3
Danube, Fl., 13 H3
Danzig (voir Gdansk)
Daougavpils, 11 G4
Dar-es-Salaam, 28 G4
Dardanelles, Dét., 20 A1-2
Dardanelles, Îs., 15 J6
Darfour, Rég., 27 K7
Darien, G. de, 36 C2, 37 M12
Darling, Fl., 38 D7
Darlington, 10 F3
Darmstadt, 12 E2
Darnah, 27 K3
Dartmoor, Rég., 10 D-E5
Darwin, 38 C5
Datong, 22 D2
Dauphiné, Rég., 12 D3
Davao, 23 E6
Davis, Dét. de, 32 O3
Davis, Mer de, 3 B32
Dawasir, Riv., 20 C3
Dawson Creek, 32 H4
Dawson, 32 G3
Dayton, 35 F4
De Long, Dét. de, 32 B-C2
Debra Tabor, 27 N7
Debrecen, 13 H3
Deccan, Rég., 21 F4-3
Dee, Fl., 10 E4
Dejnev, C., 19 S3, 32 C3
Delagoa, B., 24 D5
Delaware, 35 G4
Delgado, C., 28 G-H5
Delhi, 21 F3
Delhi, Rég., 21 F3 (2)
Delphes, 15 I6
Demanda, Sa. de la, Mgnes., 14 E1
Demavend, Mt., 18 F6, 20 D2
Denver, 34 D4
Derby, 10 F4
Derg, L., 10 B4
Derryveagh, Mts., 10 B-C3
Des Moines, 35 E3
Désappointement, L. du, 38 B6
Deseado, Fl., 37 D7
Desna, Riv., 11 H5
Detroit, 35 F3
Devon, Î., 32 L2
Devon, Rég., 10 E5
Dhaulagiri, Mt., 21 G3
Dibble, Glacier, 3 B30
Dieppe, 10 G6
Digne, 12 D3
Dijon, 12 D3
Dikson, 4 C14
Dila, 27 N8
Dili 23 E7
Dingwall, 10 D2
Diredaoua, 27 O8
Disko, Î., 32 O3
Dispur, 21 H3
District Fédéral, Rég., 34 E8
District of Columbia (DC), 35 G4
Djebel Marra, Mts., 24 D3
Djedda, 20 B3, 27 N5
Djerid, Chott el, 26 H3
DJIBOUTI, 20 C4, 27 O7
Djoda, Mt., 20 B3
Djouba, Fl., 27 O9, 29 H2
Djouf, El, Rég., 26 E5
Dniepr, Fl., 18 D5
Dniepropetrovsk, 18 D5
Dniestr, Fl., 18 C5
Dobroudja, Rég., 15 L3
Dodécanèse, Îs., 15 K7
Dodoma, 28 G4
Doha, 20 D3 27 Q4
Doire Baltée, Riv., 12 D3
Doire Ripaire, Riv., 12 D3
Dolomites, Mts., 13 E-F3, 15 C-D2
DOMINICAINE, RÉP., 35 G-H8, 36 D0-1
DOMINIQUE, 36 I9
Don, Fl., 18 E5
Dondra, C., 21 G5
Donegal, B. de, 10 B3
Donegal, Rég., 10 B-C3
Donetsk, 18 D5
Dongting, L., 22 D4
Dordogne, Riv., 12 C3
Dordrecht, 12 D2
Dorset, Rég., 10 E5
Dortmund, 12 D2
Dortmund, 8 I5
Douala, 26 H9, 28 A2
Doubs, Riv., 12 D3
Douchanbe, 18 G6 20 E2
Doudinka, 19 I3
Douglas, 10 D3
Douro Litoral, Rég., 14 B2
Douro, Fl., 14 C2
Douvres, 10 G5
Dover, 35 G4
Draa, Oued, 26 E4
Drac, Riv., 12 D3
Drake, Dét. de, 37 D8
Drakensberg, Mgnes, 28 E9-8
Drammen, 11 D4
Drave, Riv., 13 G3,15 F2-3
Dresde, 13 F2
Drin, Riv., 13 H4
Drina, Riv., 13 G3, 15 G3
Drogheda, 10 C4
Druz, Dj., Mt., 20 B2
Dublin (Baile Atha Cliath), 10 C4
Dubrovnik, 13 G4, 15 G4
Dugi Otok, Î., 13 F4
Duisbourg, 12 D2
Duluth, 35 E2
Dumfries, 10 E3
Dumont-d'Urville, 5 B29-30
Dundalk, 10 C3
Dundee, 10 E2
Dunedin, 38 G8
Dunkerque, 12 C2
Durance, Riv., 12 D3
Durango, 34 D7
Durango, Rég., 34 D7
Durban, 28 F8-9
Durham, 10 F3
Durmitor, Mt., 15 G4
Durrës, 15 G5
Düsseldorf, 12 D2
Dvina Occid., Fl., 11 G4, 18 C4
Dvina Sept., Fl., 18 E3
Dvina, B. de la, 11 I2-3
Dvina, Fl., 16 E3

E

East London, 28 E9
Èbre, Fl., 14 G2
Écosse, Rég., 10 D-E2
Edimbourg, 10 E3
Edirne, 15 K5
Edmonton, 32 I4
Édouard, L., 27 L10, 28 E3
Egée, Mer, 15 J6
ÉGYPTE, 27 L-M5
Eights, 5 C40
Eil, 27 P8
Eindhoven, 12 D2
Eire (voir République d'Irlande)
Ekaterinbourg (ex-Sverdlovsk), 18 G4
El Djazair (voir Alger)
El Djof, 27 K5
El Djouf, Rég., 24 B3
El Fasher, 27 L7
El Ferrol, 14 B1
El Goléa (El Menia), 26 G3
El Kasr, 27 L4
El Mahallet el-Koubra, 27 M3
El Menia (voir El Goléa)
El Minya (Miniéh), 27 M4
El Obeïd, 27 M7
El Paso, 34 D5
EL SALVADOR, 31 G4, 37 K-L11
El'Ayoun, 26 D4
Elbasan, 15 H5
Elbe, Fl., 13 E1
Elbe, Î. d', 13 E4, 15 C4
Elbert, Mt., 34 D4
Elblag, 13 G1
Elbourz, Mts., 18 F6, 20 D2
Elbrouz, Mt., 18 E5, 20 C1
Elche, 14 F3
Eléphant, Î de l', 5 A-B39
Eleuthera, Î., 35 G6
Elgava, 11 F4
Elgon, Mt., 27 M9, 28 F2
Elista, 18 E5
Ellesmère, Terre, 32 L-M2-1
Ellsworth, Haut Plat. d', 3 C40-42
Ellsworth, Mts., 3 C-D40
Eluru, 21 G4
Emi Koussi, Mt., 27 J5-6
Émilie, Rég., 12-13 E3
ÉMIRATS ARABES UNIS, 20 D3, 27 Q5
Ems, Fl., 12 D1
Enderby, Terre d', 3 B-C34
Enfer, Pte. d', 12 M8
Engano, C., 23 E5
Ennedi, Mts., 27 K6
Enschede, 12 D1
Ensenada, 34 C5
Entebbe, 27 M9, 28 F2
Enugu, 26 H8
Éoliennes (Lipari), Îs., 15 E6
Épinal, 12 D2
ÉQUATEUR, 36 C3
Erciyas, Mt., 7 O8
Érebus, Mt., 3 C28
Eresma, Riv., 14 D2
Erevan, 18 E5, 20 C1
Erfurt, 13 E2
Érié, L., 32 L5, 35 F3
Erne, L., 10 C3
Erris, C., 10 A3
ÉRYTHRÉE, 27 N6
Erythrée, Rég., 27 N-O7
Erzgebirge, Mts., 13 F2
Erzurum, 20 C1-2
Esbjerg, 11 C4
Escaut, Fl., 12 C2
Esclaves, Gd L. des, 32 I-J3
Eskilstuna, 11 E4
Eskisehir, 20 B2
Esla, Riv., 14 D1
ESPAGNE, 14 C-F3
Espichel, C., 14 B3
Espinhaço, Sa. do, 36-37 F4
Espírito Santo, Rég., 37 F-G4
Essen, 12 D2
Essequibo, Fl., 36 E2
Essex, Rég., 10 G5
ESTONIE, 11 F-G4, 18 C4
Estrela, Sa. da, Mts., 14 B-C2&C2
Estrémadure, Rég., 14 B3&C-D3
ÉTATS-UNIS, 34-35 D-E4
ÉTHIOPIE, 27 N-O8, 28 G1
Ethiopie, Hts. Plat. de l', 24 D-E3
Éthiopie, Plat. de l', 27 N7-8
Etna, Mt., 15 E7
Eubée, Î., 15 I6
Eugene, 34 B3
Eugenia, C., 34 C6
Euphrate, Fl., 20 C2, 27 O-P3
Eureka, 32 L1
Europa, Î., 28 G-H7
Europa, Picos de, 14 D1
Europe du Nord, Pl. d', 16 C-D4
Europe occid., Pl. d', 6-7 K-O5-3
Europe, 17 C-D5
Europe, Pte d', 14 D4-5
Evenks, Rég. des, 19 J-K3
Everest, Mt., 3 N4, 21 G3
Evora, 14 C3
Évreux, 12 C2
Évry, 12 C2
Exeter, 10 E5
Eyre, L., 38 C-D6

F

Faddeïev, Î., 19 N-O2
Fairbanks, 32 F3
Faisalabad, 21 F2
Fakaofo, 39 H4
Falcon, C., 14 F5
Falcone, C., 15 A5
Falkirk, 10 E2
Falkland (Malouines), Îs., 37 D8
Falmouth, 10 D5
Falun, 11 E3
Fanning, Î., 2 B5
Farah, Riv., 20 E2
Farewell, C., 32 P4
Fargo, 34 E2
Faro, 14 C4
Farquhar, Îs., 29 K5
Faxa, B., 11 K8
Faya-Largeau, 27 J6
Fehmarn, Î., 13 E1
Fernando Poo (voir Bioko)
Féroé, Îs., 6 F3
Ferrare, 13 E3, 15 C3
Fès, 26 E-F3
Fezzan, Rég., 26 I4
Fianarantsoa, 29 I7
FIDJI, 39 G6
Fidji, Bassin des, 38-39 G6
Fidji, Îs., 3 R6
Fidji, Mer des, 3 R7
Filchner, Banquise de, 3 C40
Finisterre, C., 14 A-B1
FINLANDE, 11 F-G3
Finlande, G. de, 11 F-G4
Finlande, Plat. lacustre de, 11 G3
Finnmark, Rég., 11 F2
Finsteraarhorn, Mt., 12 D-E3
Fionie, Î., 11 D4
Fishguard, 10 D4
Fitz Roy, Mt., 30 H7
Flamborough, C., 10 G3
Flandre, Rég., 12 C2
Florence, 13 E4, 15 C4
Florès, Î., 23 E7
Florès, Mer de, 23 D-E7
Florianópolis, 37 F5
Floride, 35 F6
Floride, Détr. de, 35 F-G7
Fóggia, 15 E5
Fogo, Î., 24 A3
Foix, 12 C4
Folkestone, 10 G5
Fongafale, 38 G4
Fonseca, B. de, 37 L11
Forel, Mt., 32 Q3
Forêt-Noire, Rég., 12 D-E3-2
Forli, 13 F3
Formentera, Î., 14 G3
Formentor, C., 14 H2-3
Formose (voir Taiwan)
Formose, Dét. de, 22 D-E4
Fort Dauphin (voir Taolagnaro)
Fort Derik (Fort Gouraud), 26 D5
Fort Gouraud (voir Fort Derik)
Fort Lauderdale, 35 F6
Fort Nelson, 32 H4
Fort William, 10 D2
Fort Worth, 34 E5
Fort-de-France, 36 I10, 12 L7
Fort-de-France, B. de, 12 L7
Fortaleza, 36 G3
Forth, Firth of, 10 E-F2
Fournaise, Piton de la, 12 O10
Fouta Djalon, Mt., 26 D7
Foxe, Bassin de, 32 L-M3
FRANCE, 12 C-D3
Franceville, 28 B3
Francfort, 12 E2
François-Joseph, Terre, 18 D-G2
Frankfort, 35 F4
Fraser, Fl., 32 H4
Fredericton, 32 N5
Fredrikstad, 11 D4
Freetown, 26 D8
Fremantle, 38 A7
Fresno, 34 C4
Fria, C., 28 B6
Fribourg, 12 D2-3
Frioul-Vénétie-Julienne, Rég., 13 F3
Frise, Îs. de la, 12 D1
Frobisher Bay, 32 N3
Frounze (voir Bichkek)
Fuerteventura, Î., 26 D4
Fuji, Mt., 22 F3
Fujian, Rég., 22 D4
Fukuoka, 22 F3
Funafuti, 38 G4
Funchal, 26 C3
Fundy, B. de, 32 N5
Fürth, 13 E2
Fushun, 19 M5, 22 E2
Fuzhou, 22 D4

G

Gabès, 26 H-I3
Gabès, G. de, 26 I3
GABON, 26 I10, 28 B3
Gaborone, 28 E7
Gaizinakalns, Mt., 11 G4
Galapagos, Îs., 30 G5
Galati, 15 K3
Galdhöpiggen, Mt., 11 C3
Galets, Pte. des, 12 N9
Galets, Riv. des, 12 N9-10
Galice, Rég., 14 B-C1
Galion, B. du, 12 M7
Galle, 21 G5
Gallego, Riv., 14 F2-1
Gallinas, Pte., 36 C1
Gällivare, 11 F2
Galloway, C.de, 10 D3
Galveston, 35 E6
Galway, 10 B4
Galway, B. de, 10 A-B4
Gambay, G. de, 21 F3
GAMBIE, 26 C7
Gambie, Fl., 26 C-D7
Gambier, Îs., 39 L6
Gand, 12 C2
Gandhinagar, 21 F3
Gange, Fl., 21 G3
Gangtok, 21 G3
Gannet, Pic, 34 D3
Gansu, Rég., 21 I2, 22 C3
Gao, 26 F-G6
Gaoxiong, 22 E4
Gap, 12 D3
Gard, Riv., 12 D3
Garde, L. de, 13 E3, 15 C3
Gardo, 27 P7-8
Garonne, Fl., 12 B3
Garoua, 26 I8
Gary, 35 F3
Gascogne, G. de, 12 B3-4
Gascogne, Rég., 12 B-C4
Gata, C. de, 14 E-F4
Gateshead, 10 F3
Gauteng, Rég., 28 E8
Gävle, 11 E3
Gaza, 20 B2
Gdansk (ex-Danzig), 13 G1
Gdynia, 13 G1
Geelong, 38 D7
Gelsenkirchen, 12 D2
Général-Belgrano, 5 C38
Gênes, 12 E3, 15 B3
Gênes, G. de, 12 E3, 15 B3-4
Genève, 12 D3
Genil, Riv., 14 D4
Georgetown, 36 E2
Géorgie du Sud, Îs., 36 G8
GÉORGIE, 18 E5
Géorgie, 35 F5
Gera, 13 F2
Geraldton, 38 A6
Gerlakhovsky, Mt., 13 H2
Gérone, 14 H2
Ghadames, 26 H3
GHANA, 26 F8
Ghardaïa, 26 G3
Ghâtes Occid., Mts., 21 F4
Ghâtes Orient., Mts., 21 F-G4
Ghydan, Mts., 19 P3
Gibraltar, 14 D4
Gibraltar, 26 E2
Gibraltar, Dét. de, 14 C-D5, 26 E2
Gibson, Dés. de, 38 B6
Gijon, 14 D1
Gila, Riv., 34 D-C5
Gilbert, Îs., 38 G4
Gizeh, 27 M4
Glacial Arctique, Océan, 18-19 B-R2
Glasgow, 10 D3
Gliwice, 13 G2
Glomma, Fl., 11 D3
Glorieuses, Î., 29 I5
Gloucester, 10 E5
Goa, Daman et Diu, Rég., 21 F4
Gobi, Dés. de, 19 K5
Godavari, Fl., 21 G4
Godthab (voir Nuuk)
Goiânia, 36 F4
Goiás, Rég., 36 E4
Gold Coast, 38 E6
Goldwin-Austen (voir K2)
Gomel, 11 H5
Gonaïves, 35 G8
Gonggashan, Mt., 21 I3, 22 C4
Goose Bay, 32 N4
Gorki (voir Nijni Novgorod)
Gorno-Altaïsk, 18 I4
Gorzo Wielkopolski, 13 F1
Gosier, 12 K5
Götaland, Rég., 11 D-E4
Göteborg, 11 D4
Gotland, Î., 11 E4
Göttingen, 13 E2
Gouriev, 18 F5
Goyave, 12 J5
Goyaves, Fl., 12 J5
Gozo, Î., 15 D-E7
Gracias a Dios, C., 37 L11
Graham Bell, Î., 18 G-H1
Grampians, Mts., 10 D-E2
Gran Chaco, Rég., 37 D5-4
Gran Sasso, Mt., 13 F4, 15 D4
Grand Bassin, 34 C4
Grand Erg Occidental, 24 B-C2
Grand Erg Oriental, 24 C2
Grand Rapids, 35 F3
Grand Rivière, 12 L7
Grande Rivière, Fl., 32 M4
Grande-Bretagne, 8 G-H4-5
Grandes Antilles, Îs., 35 F-H7-8
Grave, Pte de, 12 B3
Graz, 13 F3
Great Falls, 34 C2
Great Yarmouth, 10 G4
GRÈCE, 15 H-I6
Gredos, Sa. de, Mgnes., 14 C-D2
Green, Riv., 34 D4
Greenock, 10 D3
Grenade, 14 E4
GRENADE, 36 I10
Grenoble, 12 D3
Grijalva, Fl., 35 E8
Grimsby, 10 F-G4
Gris-Nez, C., 12 C2
Grodno, 13 H1
Groenland, 32 Q1-3
Groenland, Mer du, 32 S2
Groningue, 12 D1
Grootfontein, 28 C6
Grosny, 18 E5
Grossglockner, Mt., 13 F3
Guadalajara, 14 E2
Guadalajara, 34 D7
Guadalcanal, Î., 38 F4
Guadalete, Fl., 14 C-D4
Guadalimar, Riv., 14 E4-3
Guadalquivir, Fl., 14 C-D4
Guadalupe, Î, 34 C6
Guadarrama, Sa. de, Mgnes., 14 D-E2
Guadeloupe, Î., 36 I9
Guadiana, Fl., 14 C4
Guadix, 14 E4
Guam, Î., 38 D2
Guanajuato, Rég., 34 D7
Guangdong, Rég., 22 D4
Guangxi, Rég., 21 I3, 22 C4
Guangzhou (voir Canton)
Guantanamo, 35 G7
Guarda, 14 C2
Guardafui (voir Ras Asir)
GUATEMALA, 35 E-F8, 37 K-L11
Guaviare, Riv., 36 D2
Guayaquil, 36 B-C3
Guéret, 12 C3
Guernesey, Î., 12 B2
Guernica, 14 E1
Guerrero, Rég., 34 D8
Guiandja (ex-Kirovabad), 18 E5
GUINÉE ÉQUATORIALE, 26 H9, 28 A-B2
GUINÉE, 26 D-E7
Guinée, G. de, 26 E-G9
Guinée, Rég., 26 F-I8-10
GUINÉE-BISSAU, 26 C-D7
Guiyang, 21 I3, 22 C4
Guizhou, Rég., 21 I3, 22 C4
Gujerat, Rég., 21 F3
Gujranwala, 21 F2
Guna, Mt., 27 N7
Gunnbjorns, Mt., 32 R3
Guntur, 21 G4
GUYANA, 36 E2
Guyane Française, 36 E2
Guyanes, Massif des, 36 D-E2
Guyanes, Plat. des, 30 H-I4
Guyenne, Rég., 12 B-C3
Gwalior, 21 F3
Gyda, Pén. de, 18 H-I2-3
Györ, 13 G3

H

Haarlem, 12 D1
Hadjar, Dj., Mts., 20 D3
Hadramaout, Rég., 27 P-Q6
Hague, C. de la, 12 B2
Haïfa, 20 B2, 27 N3
Haikou, 22 D4-5
Hainan, Dét. de, 22 D4
Hainan, Î., 22 C-D5
Hainan, Rég., 23 C5
Haiphong, 21 I3, 22 C4
HAÏTI, 35 G8, 36 C1
Hakodate, 23 G2
Halifax, 32 N5
Halle, 13 E2
Halley Bay, 5 C38
Halmahera, Î., 23 E6, 38 B-C3
Halmstad, 11 D4
Haltiatunturi, Mt., 11 F2
Hama, 20 B2
Hamadan, 20 C2
Hambourg, 13 E1
Hamilton (Can.), 32 L-M5
Hamilton (N.-Z.)), 38 G7
Hammerfest, 11 F1
Han Shui, Riv., 22 C-D3
Hangzhou, 22 D-E3
Hanko, 11 F4
Hanoi, 21 I3, 22 C4
Hanovre, 13 E1
Haparanda, 11 F2
Harare, 28 F6
Harbin, 19 M5, 22 E2
Hardanger, Fj., 11 C4-3
Harford, 35 G3
Hargeisa, 27 O8
Hari, Fl., 23 C7
Harney, Pic, 34 D3
Harrisburg, 35 G3
Haryana, Rég., 21 F3
Harz, Rég., 13 E2
Hastings, 10 G5
Hatgal, 19 K4, 22 B1
Hatteras, C., 35 G4
Haugesund, 11 C4
Haut-Altaï, Rép du., 18 I4
Haut-Karabakh, Rég., 18 E6
Haute-Autriche, Rég, 13 F2
Havel, Riv., 13 F1
Hawaii, 39 J1
Hawaii, Î., 39 J2
Hebei, Rég., 22 D3
Hébrides, Îs., 10 C2-1
Hedjaz, Rég., 20 B3 27 N4-5
Hefei, 22 D3
Heidelberg, 12 E2
Heilbronn, 12 E2
Heilong Jiang (voir Amour)
Heilongjiang, Rég., 19 M-N 5, 22 E2
Hekla, Mt., 11 L8
Helena, 34 C2
Helsingborg, 11 D4
Helsinki, 11 G3
Henan, Rég., 21 J2, 22 D3
Henares, Riv., 14 E2
Héraklion, 15 J8
Herat, 20 E2
Hermosillo, 34 C6
Hernad, Riv., 13 H2
Hesse, Rég., 12 E2
Hidalgo, Rég., 34 E7
Highlands du Nord, Rég., 10 D2-1
Hildesheim, 13 E1
Hilmend, L., 20 E2
Hilmend, Riv., 20 E2
Himachal-Pradesh, Rég., 21 F2
Himalaya, Ch., 21 F-H2-3
Hindu Kuch, Mgnes, 20 E2
Hiroshima, 22 F3
Hô Chi Minh-Ville (Saigon), 23 C5
Hobart, 38 D8
Höfn, 11 L8
Hofouf, 20 C3
Hofsjökull, Mt., 11 L8
Hoggar (voir Ahaggar)
Hohe Tauern, Mts., 13 F3
Hohhot, 19 L5, 22 D2
Hokkaido, Î., 16 J5., 22 G2
Holguin, 35 G7
Holyhead, 10 D4
Homs, 20 B2
HONDURAS, 35 F8, 37 L11
Honduras, G. du, 37 L11
Hong Kong, 22 D4
Hongrie, Pl. de, 6 K-L6
Hongze, L., 22 D3
Honiara, 38 E4
Honolulu, 39 J1
Honshu, Î., 19 N6, 22 F-G3
Horn (Nord), C., 11 K7-8
Horn, C., 37 D8
Hornavan, L., 11 E2
Hospitalet, 14 H2
Hotan He, Riv., 21 G2
Houston, 35 E6
Houston, 4 E4
Howrah, 21 G3
Hoy, Î., 10 E1
Hron, Riv., 13 G2
Huai He, Fl., 22 D3
Huainan, 22 D3
Huallaga, Riv., 36 C3
Huambo, 28 C5
Huancayo, 36 C4
Huang He, Fl., 16 H6, 21 I-J2, 22 D3
Huascaran, Mt., 36 C3
Hubei, Rég., 21 J2, 22 D3
Hubli, 21 F4
Huddersfield, 10 F4
Hudson, B., 32 L3-4
Hudson, Dét. d', 32 M-N3
Hudson, Fl., 35 G3
Hué, 23 C5
Huelva, 14 C4
Huesca, 14 F1
Hull, 8 G5
Humber, Fl., 10 F4
Humboldt, Fl., 34 C3
Huna, B., 11 K7-8
Hunan, Rég., 22 D4
Hunguam, 22 E3
Huntsville, 35 F5
Huron, L., 32 L5, 35 F2-3
Hvar, Î., 13 G4
Hyderabad (Pak.), 20 E3
Hyderabad (Inde), 21 F4
Hyères, Îs. d', 12 D4

I

Iablonov, Mts., 19 L4
Iablonovy, Mts., 16 H5-4
Iakoutie (Sakla), Rép. de, 19 L-O3
Iakoutsk, 19 M3
Iamalo-Nenets, Rég. des, 18 H3

INDEX

Iana, Fl., 19 N3
Iaroslav, 18 D4
Iasi, 15 K2
Ibadan, 26 G8
Ibar, Riv., 13 H4
Ibérique, Pén., 6 F-G7-8
Ibériques, Mts., 14 E-F1-2
Ibiza, 14 G3
Ibiza, Î., 14 G3
Ica, 36 C4
Ichim, Riv., 18 G4
Ida, Mt., 15 J8
Idaho, 34 C3
Iéna, 13 E2
Iénissei, Fl., 18 I3
Ife, 26 G8
Igloolik, 4 B23
Iguaçu, Chutes d', 37 E5
Iguaçu, Riv., 37 E5
Iguidi, Erg, 26 E4
Ijevsk (ex-Oustinov), 18 F4
Ijsel, L. d', 12 D1
Illampu, Mt., 36 D4
Illimani, Mt., 36 D4
Illinois, 35 E-F3
Illulissat, 32 O3
Ilmen, L., 11 H4
Iloilo, 23 E5
Ilorin, 26 G8
Imandra, L., 11 H2
Imatra, 11 G3
Imperatriz, 36 F3
Imphal, 21 H3
Inagua, Gde, î, 35 G6
Inari, L., 11 G2
Inca, 14 H3
Inchon, 22 E3
Indals, Fl., 11 E3
INDE, 21 F-G3, 22 B4
Indhigirka, Fl., 19 O2-3
Indiana, 35 F3
Indianapolis, 35 F4
Indien, Océan, 20 D-F5
INDONÉSIE, 23 C-E7, 38 A-B4
Indore, 21 F3
Indus, Fl., 20 E3
Ingermanland, Rég., 11 G-H4
Ingouchie, Rép. d', 18 E5
Inn, Riv., 13 F2
Innsbruck, 13 E3
Inuvik, 32 G3
Inverness, 10 D2
Iochkar-Ola, 18 E4
Ionienne, Mer, 15 F-G6
Ioniennes, Îs., 15 G-H6
Ioujno-Sakhalinsk, 19 O5, 23 G2
Iowa, 35 E3
Ipoh, 23 C6
Ipswich, 10 G4
Iqaluit, 32 N3
Iquique, 37 C5
Iquitos, 36 C3
IRAN, 18 F6, 20 D2
Iran, Plat. d', 20 D2
IRAQ, 18 E6, 20 C2
Irian Jaya, Rég., 23 F7, 38 C4
Irkoutsk, 19 K4
Irlande du Nord (Ulster), 10 C3
Irlande, Mer d', 10 D-E4
IRLANDE, RÉP. D' (EIRE), 10 B-C4
Irmak, Fl., 20 B1
Irrawaddy, Fl., 21 H4, 22 B4
Irtych, Riv., 18 G4, 22 A2
Irun, 14 F1
Isar, Riv., 13 F2
Isère, Riv., 12 D3
Islamabad, 21 F2
ISLANDE, 11 L8
Islay, Î., 10 C3
Ispahan, 20 D2, 27 Q3
ISRAËL, 20 B2, 27 M3
Issyk-Koul, L., 18 H5
Istanbul, 20 A1, 27 L1
Itaïpu, Barrage d', 37 E5
ITALIE, 13 E-F4, 15 D-E4-5
Itanagar, Rég., 21 H3
Iwo, 26 G8
Izmir, 15 K6, 20 A2, 27 L2

J

Jabalpur, 21 F-G3
Jaca, Riv., 14 F1
Jackson, 35 E5
Jackson, Mt., 3 C40
Jacksonville, 35 F5
Jaen, 14 E4
Jaffna, 21 G5
Jaipur, 21 F3
Jakarta, 23 C7
Jalapa, Rég., 34 E8
JAMAÏQUE, 35 G8, 36 C1, 37 M11
James, B., 32 L-M4
Jammu-Cachemire, Rég., 21 F2
Jamshedpur, 21 G3
JAPON, 19 N6, 22 F3-2
Japon, Fosse du, 16 J6
Japon, Mer du, 19 N5-6, 22 F2-3
Japurá, Riv., 36 D3
Jarvis, Î., 39 I3
Jaune, Mer, 22 E3
Java, F. de, 38 A5, 23 C-D7-8
Java, Î., 23 C-D7., 38 A4
Java, Mer de, 23 C-D7
Jayapura, 38 D4
Jdanov (voir Marioupol)
Jefferson City, 35 E4
Jelanie, C., 18 G-H2
Jerez, 14 C4
Jersey, Î., 12 B2
Jérusalem, 20 B2, 27 N3
Jiangsu, Rég., 22 E3
Jiangxi, Rég., 22 D4
Jilin, 22 E2
Jilin, Rég., 19 M5, 22 E2
Jiloca, Riv., 14 F2
Jinan, 22 D3
Jitomir, 11 G5
João Pessoa, 36 G3
Joensuu, 11 G3
Johannesburg, 28 E8
Johnson, Î., 39 I2
Jönköping, 11 D4
JORDANIE, 20 B2, 27 N3
Jos, 26 H7-8
Juan de Nova, Î., 28 H6
Juan Fernandez, Îs., 37 B-C6
Juba, 27 M8-9, 28 F2
Juby, C., 26 D4
Jucar, Riv., 14 E3
Juneau, 32 G4
Jura Souabe, Mts., 12-13 E2
Jura, Î., 10 C2-3
Jura, Mts., 12 D3
Jutland, Rég., 6 I4
Jylland, Rég., 11 C4
Jyväskylä, 11 G3

K

K2 (Goldwin-Austen), Mt., 21 F2
Kabardie-Balkarie, Rép. de, 18 E5
Kaboul, 20 E2
Kaboul, Riv., 21 F2
Kabwe, 28 E5
Kachgar, 21 F2
Kaduna, 26 H7
Kafue, Riv., 28 E5
Kagoshima, 22 F3
Kairouan, 26 H-I2
Kaiserlautern, 12 D2
Kajaani, 11 G3
Kajan, Fl., 23 D6
Kalahari, Dés., 28 D7
Kalamai, 15 I7
Kalimantan (voir Bornéo)
Kalinin (voir Tver)
Kaliningrad (ex-Königsberg), 11 F5, 18 C4
Kalisz, 13 G2
Kalmar, 11 E4
Kalmoukie, Rép. de, 18 E5
Kalouga, 11 I5
Kama, Riv., 18 F3
Kamaran, Î., 27 O6
Kamin-Nos, C., 18 E3
Kampala, 27 M9, 28 F2
Kamtchatka, Pén. de, 19 P4
Kananga, 28 D4
Kanchenjunga, Mt., 21 G3
Kandahar, 20 E2
Kandalakcha, G. de, 11 H-I2
Kandy, 21 G5
Kankan, 26 E7
Kano, 26 H7
Kanpur, 21 G3
Kansas City, 35 E4
Kansas, 34 E4
Kansas, Riv., 34 E4
Kanty Mansiisk, 18 G3
Kaolack, 26 C7
Kapela, Mts., 13 F3
Kapuas, Fl., 23 C-D7
Kapuas, Mts., 23 D6
Kara Bogaz, G. de, 18 F5
Kara, Mer de, 18 G-H2
Kara-Koum, Rég., 20 D-E1
Karachi, 20 E3
Karaganda, 18 H4
Karakalpakie, Rép. de, 18 F-G5
Karakoram, Mgnes 21 F2
Karas, Mts., 28 C8
Karatchaïevo-Kcherkessie, Rép. de, 18 D-E5
Karbala, 20 C2
Kariba, L., 28 E6
Karimata, Dét. de, 23 C7
Karl Marx Stadt (voir Chemnitz)
Karlskrona, 11 E4
Karlsruhe, 12 E2
Karlstadt, 11 D4
Karnataka, Rég., 21 F4
Karroo, Gd, Rég., 28 D9
Kasaï, Riv., 28 D4
Kassala, 27 N6
Kassel, 12 E2
Katanga (voir Shaba)
Katmandou, 21 G3
Katowice, 13 G2
Katsina, 26 H7
Kattegat, Dét., 11 D4
Kaunas, 11 F4
Kayes, 26 D7
Kayseri, 20 B2
KAZAKHSTAN, 18 F-H5, 20-21 E-F1
Kazan, 18 E4
Kebnekaise, Mt., 11 E2
Kecskemét, 13 G3
Keflavík, 11 K8
Kekes, Mt., 13 G-H3
Kem, 11 H3
Kemerovo, 18 I4
Kemi, 11 F2
Kemi, Fl., 11 G2
Kéna, 27 M4
Kénitra, 26 E3
Kennedy, C. (voir Cap Canaveral)
Kentucky, 35 F4
KENYA, 27 N9, 28 G2
Kenya, Mt., 27 N10, 28 G2-3
Kerala, Rég., 21 F5
Kerguelen, Î., 3 M8
Kerinci, Mt., 23 C7
Kermadec, F. de, 39 H7
Kermadec, Îs., 39 G-H6
Kerman, 20 D2
Keroulen, Riv., 22 D2
Kerry, Mts. de, 10 A-B5
Kertch, Dét. de, 7 N-O7
Ket, Riv., 18 I4
Khabarovsk, 19 N5, 22 F2
Khabarovsk, Terr. de, 19 N4
Khakasses, Rép. des, 18 I4
Khangaï, Mts., 19 J5, 22 B-C2
Khankendi (voir Stepanakert)
Khanty-Mansis, Rég. des, 18 H3
Kharkov, 18 D5
Khartoum, 20 B4, 27 M6
Khibiny, Mt., 11 H2
Khingan, Grand, Mgnes, 19 M5-4, 22 D-E2
Khiouma, Î., 11 F4
Khorog, 18 H6
Khoudjand (ex-Leninabad), 18 G5
Kichinev (voir Chisinau)
Kiel, 13 E1
Kiel, B. de, 13 E1
Kielce, 13 H2
Kiev, 18 D4
Kigali, 27 L-M10, 28 E-F3
Kikwit, 28 C3-4
Kilimandjaro (voir Uhuru)
Killarney, 10 B4
Kimberley, 28 D8
Kinabalu, Mt., 23 D6, 38 A3
Kings Lynn, 10 G4
Kings, Pics, 34 C3
Kingston, 35 G8, 36 C1
Kingston-Upon-Hull, 10 F4
Kingstown, 36 I10
Kinshasa, 28 C3
Kintyre, Pén., 10 D3
KIRGHIZIE, 18 H5, 21 F1
KIRIBATI, 39 H4
Kiritimati, Î., 39 J3
Kirkcaldy, 10 E2
Kirkouk, 20 C2
Kirkwall, 10 E1
Kirov, 18 E4
Kirovabad (voir Guiandja)
Kirthar, Mts., 20 E3
Kiruna, 11 F2
Kisangani, 27 L9, 28 E2
Kismayu, 27 O10, 29 H3
Kistna, Fl., 16 F8
Kisumu, 27 M-N10, 28 F2-3
Kitab, Mt., 18 G6
Kitakyushu, 22 F3
Kitwe-Nkana, 28 E5
Kivu, L., 28 E3
Kizil Irmak, Fl. 7 O8
Klagenfurt, 13 F3
Klaïpeda, 11 F4
Klar, Fl., 11 D3
Knoxville, 35 F4
Kobe, 22 F3
Kodiak, Î., 32 E4
Kohtla-Jarve, 11 G4
Kola, B. de, 11 H-I2
Kola, Pén. de, 18 D3
Kolkasrags, C., 11 F4
Koloma, 21 H3
Kolpino, 11 H4
Kolyma,Fl., 19 P3
Komis, Rép. des, 18 F3
Komis-Permiaks, Rép. des, 18 F4
Kompasberg, Mt., 28 D9
Komsomolets, Î., 19 H-J1
Komsomolsk, 19 N4
Kongur Shan, Mts., 21 F2
Königsberg (voir Kaliningrad)
Konya, 20 B2
Kopet Dag, Mts., 20 D2
Korab, Mt., 15 H5
Korcula, Î., 13 G4
Korhogo, 26 E8
Koriaks, Rég. des, 19 Q3
Koriatski, Mts., 19 Q-R3, 32 B3
Koror, 23 F6, 38 C3
Körös, Riv., 13 H3
Kosciusko, Mt., 38 D7
Kosice, 13 H2
Kosovo, Rég., 13 H4, 15 H4
Koszalin, 13 G1
Kotelny, Î., 19 N2
Kotka, 11 G3
Kotouï, Fl., 19 K2-3
Koudougou, 26 F7
Koudymkar, 18 F4
Kouïbychev (voir Samara)
Kouïbychev, Rés. de, 7 Q-R5
Koura, Riv., 7 Q7
Kourgan, 18 G4
Kouriles, Arch. des, 19 O-P5
Kouriles, Fosse des, 22 G2
Kouriles, Îs., 22 G2
KOWEIT, 20 C3, 27 P4
Krajina, Rég., 13 F3, 15 E-F3
Krasnodar, 18 D5
Krasnoïarsk, 19 J4
Krendel, 4 D
Krishna, Fl., 21 F4
Kristiansand, 11 C4
Kristianstad, 11 D4
Kristiansund, 11 C3
Krivoï Rog, 18 D5
Krk, Î., 13 F3
Kuala Lumpur, 21 I5, 23 C6
Kuching, 23 D6
Kumasi, 26 F8
Kunlun, Mgnes, 21 G-H2, 22 B3
Kunming, 21 I3, 22 C4
Kuopio, 11 G3
Kupa, Riv., 13 F3
Kupang, 23 E8
Kurdistan, Rég., 20 C2
Kwa, Riv., 28 C3
Kwajaein, 38 F3
Kwangju, 22 E3
Kwazulu-Natal, Rég., 28 F8
Kyle of Lochalsh, 10 D2
Kyoga, L., 27 M9, 28 F-G2
Kyoto, 19 N6, 22 F3
Kyushu, Î., 22 F3
Kyzyl, 19 J4
Kyzyl-Koum, Dés. du, 18 G5, 20 E1

L

La Corogne, 14 B1
La Désirade, Î., 12 K5
La Havane, 35 F7
La Haye, 12 D1
La Linea, 14 D4
La Mecque, 20 B3
La Neblina, Mt., 36 D2
La Nouvelle-Orléans, 35 F6
La Palma, Î., 26 C4
La Paz, 34 C7
La Paz, 36 D4
La Plata, 37 E6
La Possession, 12 N9
La Roche-sur-Yon, 12 B3
La Rochelle, 12 B3
La Spezia, 13 E3, 15 B3
La Trinité, 12 M7
La Valette, 15 E8
La Vega, 35 G8
Labé, 26 D7
Labrador, Mer du, 32 O-P4
Labrador, Pén. du, 32 M-N4
Ladoga, L., 11 H3, 18 D3
Lae, 38 D4
Lagos (Port.), 14 B4
Lagos, 26 G8
Lahn, Riv., 12 E2
Lahore, 21 F2
Lahti, 11 G3
Lairg, 10 D1
Lamia, 15 I6
Lancang Jiang (voir Mékong)
Lancaster, Dét. de, 32 L-M2
Land's End, C., 10 C-D5
Landes, Rég., 12 B4-3
Langanes, C., 11 L8
Langevin, Pte de, 12 O10
Lansing, 35 F3
Lanzarote, Î., 26 D4
Lanzhou, 21 I2, 22 C3
Laon, 12 C2
LAOS, 21 I4, 22-23 C4-5
Laponie, Rég., 11 F-G2
Laptev, Mer des, 19 L-N2
Laquedives, Îs., 21 F4-3
Lárissa, 15 I6
Larsen, Barrière de, 3 B39
Las Palmas, 26 C4
Las Vegas, 34 C4
Lausanne, 12 D3
Laval, 12 B2
Le Caire, 20 B2-3, 27 M3-4
Le Cap, 28 C9
Le Carbet, 12 L7
Le François, 12 M7
Le Havre, 12 C2
Le Lamentin, 12 L7
Le Maire, Dét. de, 37 D8
Le Mans, 12 C2
Le Marin, 12 M8
Le Pirée, 15 I6-7
Le Port, 12 N9
Le Puy, 12 C3
Le Robert, 12 M7
Lech, Riv., 13 E2
Leeds, 10 F4
Leicester, 10 F4
Leinster, Rég., 10 C4
Leipzig, 13 F2
Leith, 10 E3
Léman, L., 12 D3
Lemnos, Î., 15 J6
Lena, Fl., 19 M3
Leninabad (voir Khoudjand)
Leningrad (voir St-Pétersbourg)
Léon, 14 D1
León, 34 D7
Léon, Mts. de, 14 C1
Lérida, 14 G2
Lerwick, 10 I7
Les Trois Ilets, 12 L7
Lesbos, Î., 15 J-K6
LESOTHO, 28 E9
LETTONIE, 11 G4, 18 C4
Leucade, Î., 15 H6
Levanger, 11 D3
Lewis, Î., 10 C1
Leyte, Î., 23 E5
Lezarde, Riv., 12 L7
Lhasa, 21 H3
Lhotse, Mt., 21 G3
Liaoning, Rég., 19 L5, 22 E2
LIBAN, 20 B2, 27 M3
Liberec, 13 F2
LIBERIA, 26 D-E8
Libreville, 26 H9, 28 A2
LIBYE, 27 J-K4
Libye, Dés. de, 27 K4
LIECHTENSTEIN, 12 E3
Liège, 12 D2
Liepaïa, 11 F4
Ligurienne, Mer, 6 I7
Lille, 12 C2
Lillehammer, 11 D3
Lilongwe, 28 F5
Lim, Riv., 13 G4
Lima, 36 C4
Limerick, 10 B4
Limia, Fl., 14 B-C2
Limoges, 12 C3
Limousin, Rég., 12 C3
Limpopo, Fl., 28 F7
Linares, 14 E3
Lincoln (R.-U.), 10 F4
Lincoln (É.-U.), 34 E3
Lincoln, Mer de, 32 N-O1
Lindesnes, C., 11 C4
Lingga, Arch., 23 C6-7
Linköping, 11 E4
Linz, 13 F2
Lion, G. du, 12 C-D4
Lipari (voir Éoliennes)
Lippe, Riv., 12 E2
Lisaki, 28 E5
Lisbonne, 14 B3
Little Rock, 35 E5
LITUANIE, 11 F4, 18 C4
Liverpool, 10 E4
Liverpool, B. de, 10 E4
Livingstone, 28 E6
Livourne, 13 E4, 15 C4
Lizard, Pte., 10 D6
Ljubjana, 13 F3, 15 E2
Ljusnan, Fl., 11 D3
Llanos, Rég., 36 C-D2
Lob Nor, L., 21 H2, 22 B2
Lobito, 28 B5
Lodz, 13 G2
Lofoten, Îs., 11 D2
Logan, Mt., 32 F3
Logroño, 14 E1
Loir, Riv., 12 C3
Loire, Fl., 12 B3
Lolland, Î., 13 F1
Lomami, Riv., 27 K10, 28 D3
Lombok, Î., 23 D7
Lomé, 26 G8
Lomela, Riv., 27 K10
Lomond, Loch, 10 D2
Londonderry, 10 C3
Londres, 10 F5
Long Beach, 34 C5
Long Island, 35 G3
Longs, pic, 34 D3
Lons-le-Saunier, 12 D3
Lopatina, Mt., 19 O4
Lopez, C, 24 C4
Lopez, C., 26 H10, 28 A3
Lorca, 14 F4
Lorn, Firth of, 10 C-D2
Lorrain, R. du, 12 L7
Lorraine, Rég., 12 D2
Los Angeles, 34 C5
Los Mochis, 34 D6
Lot, Riv., 12 C3
Loualaba (Zaïre), Riv., 27 L10
Lougansk (ex-Vorochilovgrad), 18 D5
Louisiade, Arch., 38 D-E5
Louisiane, 35 E5
Lout, Dés. de, 20 D2
Loyauté, Îs., 38 F-G6
Luanda, 28 B4
Luanda, Plat. du, 28 C-D5
Luangwa, Riv., 28 F5
Luarca, 14 C1
Lubango, 28 B5
Lubbock, 34 D5
Lübeck, 13 E1
Lübeck, B. de, 13 E-F1
Lublin, 13 H2
Lubumbashi, 28 E5
Lucerne, 12 E3
Lucknow, 21 G3
Luçon, Dét. de, 22 E4
Luçon, Î., 23 E5, 38 A2
Lucques, 15 C4
Lüda, 19 M6, 22 E3
Lüderitz, 28 C8
Ludhiana, 21 F2
Ludwigshafen, 12 E2
Lugano, 12 E3
Lugo, 14 C1
Lukuga, Riv., 28 E4
Lule, Fl., 11 F2
Luleå, 11 F2
Lulua, Riv., 28 D4
Lund, 11 D4
Luoyang, 21 J2, 22 D3
Lusaka, 28 E6
Luton, 10 F5
Lutzow-Holm, B. du, 3 B35-34
LUXEMBOURG, 12 D2
Luxembourg, 12 D2
Luzon, Î. 16 I8
Lvov, 13 I2, 18 C5
Lyon, 12 D3

M

M'bomou, Riv., 27 L9
Maanselka, Rég., 11 G2-3
Maastricht, 12 D2
Macao, 22 D4
Macapá, 36 E2
Macassar (voir Ujung Pandang)
Macassar, Dét. de, 23 D7-6
MACÉDOINE, 13 H4, 15 H-I5
Macédoine, Rég., 15 I5
Maceió, 36 G3
Machu Picchu, 36 C4
MacKenzie, Fl., 32 G-H3
MacKenzie, Mts., 32 G-H3
Mâcon, 12 D3
MADAGASCAR, 29 I7-6
Madeira, Riv., 36 E3
Madère, Î., 26 C3
Madhya-Pradesh, Rég., 21 G3
Madison, 35 F3
Madras, 21 F-G4
Madre de Dios, Riv., 36 D4
Madrid, 14 E2
Madrid, Rég., 14 E2
Madurai, 21 F4-5
Maestra, Sa., 35 G7, 36 C0
Magadan, 19 P4
Magadan, Terr. de, 19 O3
Magdalena, Fl., 36 C2
Magdebourg, 13 E1
Magellan, Dét. de, 37 D8
Magnitogorsk, 18 F4
Mahajanga, 29 I6
Mahanadi, Fl., 21 G3
Maharashtra, Rég., 21 F4
Mahé, Î., 29 J3
Mahon, 14 I3
Mai Ndombe, L., 27 J10, 28 C-D3
Maiduguri, 26 I7
Maïkop, 18 D-E5
Main, Riv., 12 E2
Maine, 35 H3
Maine, G. du, 35 H3
Maine, Rég., 12 B-C2-3
Mainland (Orc.), Î., 10 E-F1
Mainland Shet;), Î., 10 H-I7Q
Majeur, L., 12 E3, 15 B2-3
Majorque, Î., 14 H3
Majuro, Î.,38 G3
Makarikari, Marais de, 28 D-E7
Makhatchkala, 18 E5
Malabo, 26 H9, 28 A2
Malacca, Dét. de, 21 H-I5, 23 B-C6
Malacca, Pén., 23 C6
Malaga, 14 D4
MALAISIE, 21 I5, 23 C-D6, 38 A3
Malakàl, 27 M8
Malang, 23 D7
Malange, 28 C4
Mälar, L., 11 E4
MALAWI, 28 F5
Malawi, L., 28 F5
MALDIVES, 21 F5
Malé, 21 F5
Malhao, Sa. do, Mts., 14 B-C4
MALI, 26 F6
Malin, C., 10 C3
Mallaig, 10 D2
Mallow, 10 B4
Malmö, 11 D4
Malouines (voir Falkland)
MALTE, 15 E8
Malte, Dét. de, 15 D-E7
Malte, Î., 6 J8
Mamoré, Riv., 36 D4
Man, Î. de, 10 D3
Manado, 23 E6
Managua, 37 L11
Manama, 20 D3, 27 Q4
Manaus, 36 D3
Manche, La, 10 E-G5, 12 B-C2
Manchester, 10 E4
Mandalay, 21 H3, 22 B4
Mandchourie, Pl. de, 16 I5
Mandchourie, Rég., 22 E-F2
Mangoky, Fl., 29 H7
Manille, 23 E5, 38 B2
Manipur, Rég., 21 H3 (5)
Manitoba, L., 32 J-K4
Manitoba, Rég., 32 K4
Mannar, G. de, 21 F5
Mannheim, 12 E2
Mantoue, 15 C3
Maputo, 28 F8
Mar del Plata, 37 E6
Mar, Serra do, 30 I6-5
Maracaibo, 36 C1
Maracay, 36 D1
Maradi, 26 H7
Maranhão, Rég., 36 F3
Marañon, Riv., 36 C3
Marathon, 15 I6
Marbat, 20 D4
Marbella, 14 D4
Marches, Rég., 13 F4
Margate, 10 G5
Mariannes du Nord, 38 E2
Mariannes, F. des, 38 D2-1
Mariannes, Îs., 38 D2
Maribor, 13 F3, 15 E2
Marica, Fl., 15 J-K5
Marie-Byrd, Terre, 3 C43-44
Marie-Galante, Î., 12 K6
Marigot, 12 J5
Marigot, 12 L7
Marin, Cul de Sac du, 12 L-M8
Marin, Gd Cul de Sac, 12 J5
Marin, Petit Cul de Sac, 12 J-K5
Marioupol (ex-Jdanov), 18 D5
Maris, Rép. des, 18 E4
Markham, Mt., 3 D
Marmara, Mer de, 7 M7
Marne, Riv., 12 C2
MAROC, 26 E-F3
Maros, Riv., 13 H3
Marquises, Îs., 39 L4
Marra, Dj., Mts., 27 K6-7
Marrakech, 26 E3
Marseille, 12 D4
MARSHALL, ÎS., 38 E-F2
Marsouins, R. des, 12 O10
Martaban, G. de, 21 H4, 23 B5
Martinique, Î., 36 I10
Maryland, 35 G4
Mascareignes, Îs., 29 K6
Mascate, 20 D3
Maseru, 28 E8
Masira, G. de, 20 D4
Masira, Î., 20 D-E3
Mask, L., 10 B4
Masoala, C., 29 J6
Massachusetts, 35 G3
Massawa, 27 N6
Massif Central, Ch., 12 C3
Mata-Utu, 39 H5
Matadi, 28 B4
Matamoros, 34 E6
Matapan, C., 15 H-I7
Mato Grosso do Sul, Rég., 37 E4-5
Mato Grosso, Rég., 36 E4
Matopo, Mts., 28 E-F7-6
Mauna Kea, Mt., 39 J2
MAURICE, 29 K6
MAURITANIE, 26 D-E6
Mawson, 5 B33
Maya, Mts, 35 F8
Mayenne, Riv., 12 B2
Mayotte, Î., 29 I5
Mazatlan, 34 D7
Mbabane, 28 F8
Mbandaka, 27 J9-10, 28 C2-3
Mbeya, 28 F4
Mbuji-Mayi, 28 D4
Mc Clure, Dét. de, 32 H-I2
Mc Murdo, 5 C28
McKinley, Mt., 32 E3
Mead, L., 34 C4
Mechhed, 18 F6, 20 D2
Mecklembourg-Poméranie Occid., Rég., 13 E-F1
Medan, 21 H5, 23 B6
Medellín, 36 C2
Médine, 20 B-C3, 27 N5
Médinet-El Fayoum, 27 M4
Méditerranée, Mer, 15 B-G7, 26-27 H-M2-3
MeMeghalaya, Rég., 21 H3 (7)
Meknès, 26 E3
Mékong (Lancang Jiang), Fl., 21 I4, 23 C5
Mélanésie, Rég., 38 D-F3-4
Melbourne, 38 D7
Melekeock, 38 C3
Melilla, 14 E5, 26 F2
Melun, 12 C2
Melville, Î., 32 I-J2
Memphis, 35 E4
Mende, 12 C3
Mendocino, C., 34 B3
Mendoza, 37 D6
Mentawaï, Îs., 23 B7
Merca, 29 H2
Mergui, Arch. de, 23 B5
Mérida, 14 C3
Merida, 35 F7
Mésopotamie, Rég., 20 C2, 27 O-P2-3
Messine, 15 E6
Messine, Dét. de, 15 E-F7
Meta, Riv., 36 D2
Métallifères, Mts., 6 J6-5
Metz, 12 D2
Meurthe, Riv., 12 D2
Meuse, Fl., 12 D2
Mexicali, 34 C5
Mexico, 34 E8
Mexico, District Fédéral, Rég., 34 E8 (3)
MEXIQUE, 34 D-E6-7
Mexique, G. du, 35 E-F6
Mexique, Hauts Plat. du, 30 F3
Mezen, Fl., 18 E3
Miami, 35 F6
Micacema de Tocantins, 36 F3
Michigan, 35 F3
Michigan, L., 32 L5, 35 F3
MICRONÉSIE, ÉTATS FÉDÉRÉS DE, 38 D-F2
Micronésie, Rég., 38 D-F2-3
Middlesbrough, 10 F3
Midi, Cl. du, 12 C4
Mieres, 14 D1
Milan, 12 E3, 15 B3
Milwaukee, 35 F3
Milwaukee, Fosse de, 30 H3
Mina, Riv., 14 G5
Minas Gerais, Rég., 36-37 F4
Minatitlán, 35 E8
Minch, Détr. du, 10 C-D2-1
Mindanao, F. de, 3 P5
Mindanao, Î., 23 E6, 38 A-B3
Mindoro, Î., 23 D-E5
Minièh (voir El Minya)
Minneapolis, 35 E3
Minnesota, 35 E2
Miño, Fl., 14 B2
Minorque, Î., 14 H-I2
Minsk, 11 G5, 18 C4
Mirny, 5 B32
Miskolc, 8 L6
Miskolo, 13 H2
Misourata, 26 I-J3
Mississippi, 35 E-F5
Missouri, 35 E4
Missouri, Riv., 34-35 C-E2-3
Mistassini, L., 32 M4
Mitchell, Mt., 35 F4
Mizen, C., 10 A-B5
Mizoram, Rég., 21 H3 (8)
Mjosa, L., 11 C-D3
Mobile, 35 F5
Mobutu Sese Seko, L., 27 L-M9
Mobutu, L., 28 E-F2
Moco, Mt., 28 C5
Modène, 13 E3, 15 C3
Mogadiscio (Muqdisho), 27 P9, 29 I2
Moghilev, 11 H5
Mohammedia, 26 E3
Moïero, Riv., 19 K3
MOLDAVIE, 15 L2-3, 18 C5
Moldoveanu, Mt., 15 J3
Molodezhnaya, 5 B34
Molopo, Riv., 28 D8
Moluques, Îs., 38 B-C4
Moluques, Mer des, 23 E7-6
Mombasa, 28 G3
Mona, Cl. de, 35 H8
MONACO, 12 D4
Monastir (voir Bitola)
Mönchengladbach, 12 D2
Mondego, Fl., 14 B-C2
Mongolie Intérieure, Rég., 19 L5, 22 D2
MONGOLIE, 19 J-L5, 22 B-D2
Mongolie, Plat. de, 16 H5
Monrovia, 26 D8
Mont-Blanc, 12 D3, 15 A3
Mont-de-Marsan, 12 B4
Montana, 34 D2
Montauban, 12 C3
Montego Bay, 35 G8
Montélimar, 12 D3
MONTÉNÉGRO,13 G4, 15 G4
Monterrey, 34 D6
Montes Claros, 36 F4
Montevideo, 37 E6
Montgomery, 35 F5
Montpelier, 35 G3
Montpellier, 12 C4
Montréal, 32 M5
Montrose, 10 E2
Montserrat, Î., 36 I9
Monza, 12 E3
Moosonee, 32 L4
Mopti, 26 F7
Morava, Riv., 13 H3, 15 H3
Moravie, Rég., 13 G2
Moray, Firth of, 10 E2-1
Mordovie, Rép de, 18 E4
Morecambe, B. de, 10 E3-4
Morelia, 34 D8
Morelos, Rég., 34 E8
Morena, Sa., Mgnes., 14 C-E3
Moroni, 29 H5
Morris Jesup, C., 32 R-S1
Mort, Vallée de la, 34 C4-5
Morte, Mer, 27 M-N3
Moscou (Moskva), 11 I4, 18 D4
Moselle, Riv., 12 D2
Mosjoen, 11 D2
Moskva (voir Moscou)
Mossoul, 20 C2, 27 O2
Mostaganem, 26 G2
Moukalla, 20 C4
Moule, 12 K5
Moulins, 12 C3
Moulmein, 23 B5
Moundou, 26 J8
Mount Isa, 38 C6
Mourmande, Côte, 11 I2
Mourmansk, 11 H2, 18 D3
Mourzouk, 26 I4
Moussala, Mt., 15 I4
Moyen Atlas, Mgnes., 24 B2
MOZAMBIQUE, 28 F-G7-5
Mozambique, Cl. de, 28 G-H7-6
Muchinga, Mts., 28 F5
Mugdisho (voir Mogadiscio)
Mulhacén, Mt., 14 E4
Mull, Î., 10 C2
Mullingar, 10 C4
Multan, 21 F2
Munamägi, Mt., 11 G4
Munich, 13 E2
Münster, 12 D2
Munster, Rég., 10 B4
Muqdisho (voir Mogadiscio)

Mur, Riv., 13 G3
Murcie, 14 F3
Murcie, Rég., 14 E-F3
Mures, Riv., 15 I3
Murray, Riv., 38 D7
Mururoa, Î., 39 L6
Mwanza, 28 F3
Mweru, L., 28 E-F4
Myanmar (voir Birmanie)
Mykonos, Î., 15 J7
Myrdalsjökull, Mt., 11 L8

N

Naab, Riv., 13 F2
Nagaland, Rég., 21 H3 (4)
Nagoya, 19 N6, 22 F3
Nagpur, 21 F3
Naha, 22 E4
Nairobi, 27 N10 28 G3
Nakhitchevan, 18 E6
Nakhitchevan, Rép. de, 18 E6
Naltchik, 18 E5
Namaland, Rég., 28 C8
Namib, Dés. du , 24C4-5
Namib, Rég., 28 B7
NAMIBIE, 28 C7
Nampula, 28 G6
Namur, 12 D2
Nan Shan, Mgnes, 21 H-I2
Nanchang, 22 D4
Nancy, 12 D2
Nanjing (voir Nankin)
Nankin (Nanjing), 22 D3
Nanning, 21 I3, 22 C4
Nanortalik, 32 P3
Nanterre, 12 C2
Nantes, 12 B3
Nao, C. de la, 14 G3
Naples, 15 E5
Narbonne, 14 H1
Narew, Riv., 13 H1
Narian Mar, 18 F3
Narmada, Fl., 21 F3
Narodnaïa, Mt., 7 S2
Narva, 11 G4
Narvik, 11 E2
Nashville, 35 F4
Nassau, 35 G7
Nasser, L., 27 M5
Natal, 36 G3
Natuna, Îs., 23 C6
NAURU, 38 F4
Nauru, Î., 3 R6
Navarre, Rég., 14 E-F1
Naxos, Î., 15 J7
Nayarit, Rég., 34 D7
Nazaré, 14 B3
Nazran, 18 E5
Naypyitaw, 21 H4
Ndjamena, 26 I-J7
Ndola, 28 E5
Neagh, L., 10 C3
Nebraska, 34 D-E3
Neckar, Riv., 12 E2
Néfoud, Dés. du, 27 O-P4
Negrais, C., 21 H4
Negros, Î., 23 E6
Neiges, Piton des, 12 N10
Neisse, Riv., 13 F2
Nelson, Fl., 32 K4
Néma, 26 E6
Nenets, Rég. des, 18 F3
NÉPAL, 21 G3
Neretva, Fl., 13 G4
Ness, Loch, 10 D2
Neuchâtel, 12 D3
Neuchâtel, L. de, 12 D3
Neusiedl, L. de, 13 G3
Neuvo Laredo, 34 E6
Nevada de Sta-Maria, Sa., 36 C1
Nevada, 34 C4
Nevada, Sa., 34 B-C3-4
Nevada, Sa., Mgnes., 14 D-E4
Nevers, 12 C3
New Byrd, 5 C-D42
New Delhi, 21 F3
New Hampshire, 35 G3
New Jersey, 35 G4
New York, 35 G3
New York, Rég., 35 G3
Newark, 35 G3
Newcastle Upon Tyne, 10 F3
Newcastle, 38 E7
Newhaven, 10 F-G5
Newport, 10 E5
Ngaoundéré, 26 I8
Nguru, 26 I7
Ngwane (voir Swaziland)
Nha Trang, 23 C5
Niagara, Chutes du, 32 M5
Niamey, 26 G7
Nias, Î., 23 B6
NICARAGUA, 37 L11
Nicaragua, L. de, 37 L11
Nice, 12 D4
Nichoacán, Rég., 34 D8
Nicobar, Îs., 16 G9
Nicobar, Îs., 21 H5
Nicosie, 20 B2, 27 M2-3
Niemen, Fl. 13 I1
NIGER, 26 H-I6
Niger, Fl., 26 H8
NIGERIA, 26 H-I8, 28 A1
Nijni Novgorod (ex-Gorki), 18 E4
Nil Blanc, Riv., 27 L-M8
Nil Bleu, Riv., 27 M7
Nil, Fl. 3 K4, 27 M4
Nilgiri, Mts., 21 F4
Nimègue, 12 D2
Nîmes, 12 D4
Ningbo, 22 E4
Ningxia, Rég., 21 I2, 22 C3
Niobrara, 34 D3
Niort, 12 B3
Nipigon, L., 32 L4-5
Nis, 13 H4, 15 H4
Nistru (voir Dniestr)
Niue, Î., 39 I5
Noire, Mer, 18 D5, 20 A-B1
Noirmoutier, Î., 12 B3
Nome, 32 D3
Non Kiang, Riv., 19 M5
Nong Khai, 23 C5
Nord (voir Horn)
Nord Ronaldsay, Î., 10 E-F1
Nord, C., 11 G1
Nord, C., 3 K2
Nord, Cl. du, 10 C-D3
Nord, Î. du, 39 G-H7
Nord, Mer du, 10 G2-3
Nord, Terre du, 16 H-I1
Nord, Territoire du, Rég., 38 B-C5-6
Nord-Ouest, Rég. du, 28 D8
Nord-Ouest, Territoires du, 32 H-I2-3
Nordkin, C., 11 G1
Norfolk, 35 G4
Norfolk, Î., 38 F-G6
Norfolk, Rég., 10 G4
Norilsk, 19 I3
Normandie, Rég., 12 B-C2
Norrköping, 11 E4
Norrland, Rég., 11 E3
North Downs, Rég., 10 G5
North Platte, Riv., 34 D-E3
Northampton, 10 F4
Norton, B. de, 32 D3
NORVÈGE, 11 C-F3-1
Norvège, Mer de, 11 B-C2
Norwich, 10 G4
Nossob, Riv., 28 C7
Nottingham, 10 F4
Nouadhibou, 26 C5
Nouakchott, 26 C6
Noukous, 18 F5
Nouméa, 38 F6
Nouveau-Mexique, 34 D5
Nouveau-Brunswick, Rég., 32 N5
Nouvelle Bretagne, Î., 38 E4
Nouvelle Irlande, Î., 38 E4
Nouvelle Sibérie, Arch. de la, 19 O-P2
NOUVELLE-ZÉLANDE, 38 F-G8
Nouvelle-Calédonie, 38 E-F5
Nouvelle-Écosse, Rég., 32 N5
Nouvelle-Galles du Sud, Rég., 38 D6-7
Nouvelle-Guinée, Î., 23 F7
Nouvelle-Guinée, Rég., 38 D4
Nouvelle-Zemble, 18 F2
Nouvelles-Hébrides, Îs., 38 F-G5
Nova Iguaçu, 37 F5
Novare, 12 E3
Novgorod, 11 H4
Novi Sad, 13 G3, 15 G3
Novokouznetsk, 18 I4
Novolazareskaya, 5 C36
Novossibirsk, 18 I4
Nu Jiang (voir Salouen)
Nubie, Dés. de, 27 M5
Nuevo León, Rég., 34 D6
Nuku'Alofa, 39 H6
Nullarbor, Pl. de, 38 B-C7
Nunavut, Région, 32 K-L2
Nuremberg, 13 E2
Nuuk (Godthab), 32 O3
Nyala, 27 K7
Nyiregyháza, 13 H2-3

O

Oakland, 34 B4
Oaxaca, 34 E8
Oaxaca, Rég., 34 E8
Ob, Fl., 18 G3
Ob, G. de l', 18 H3-2
Oban, 10 D2
Obbia, 27 P8, 29 I1
Oberhausen, 12 D2
Ocaña, 14 E3
Odense, 11 D4
Oder, Fl., 13 F1
Odessa, 18 D5
Offenbach, 12 E2
Ogbomosho, 26 G8
Oglio, Riv., 13 E3
Ogooué, Fl., 26 H-I10, 28 A-B3
Ohio, 35 F3
Ohio, Riv., 35 F4
Oise, Riv., 12 C2
Ojos del Salado, Mt, 37 D5
Oka, Riv., 18 E4
Okawango, Marais de l', 28 D6
Okeechobee, L., 35 F6
Okhotsk, Mer d', 19 O-P4
Okinawa, Î., 22 E4
Oklahoma City, 34 E4
Oklahoma, 34 E5
Öland, Î., 11 E4
Oldenbourg, 12 E1
Oldham, 10 E4
Oléron, Î., 12 B3
Olifants, Riv., 28 F7
Olomouc, 13 G2
Olsztyn, 13 H1
Olt, Riv., 15 J4
Olympe, Mt., 15 I5
Olympia, 34 B2
Olympie, 15 H7
Om, Riv., 18 H4
Omaha, 34 E3
OMAN, 20 D3 27 Q6
Oman, G. d', 20 D3
Oman, Mer d', 20 E4
Omdurman, 27 M6
Omo, Riv., 20 B5, 27 N8
Omsk, 18 H4
Ondourman, 20 B4
Onega, 11 I3
Onega, B. de l', 11 I3
Onega, Fl., 11 I3
Onega, L., 11 I3
Onitsha, 26 H8
Onon, Riv., 22 D1
Ontario, L., 32 M5, 35 G3
Ontario, Rég., 32 K-L4
Opole, 13 G2
Oradea, 13 H3, 15 H2
Oraefajökull, Mt., 11 L8
Oran (Wahran), 26 F2
Orange, État Libre d', Rég., 28 E8
Orange, Fl., 28 C8
Orcades du Sud, Îs, 5 A-B39-38
Orcades, Îs., 10 E1
Ordjonikidze (voir Vladikavkaz)
Orebro, 11 E4
Oregon, 34 B-C3
Orel, 18 D4
Orenbourg, 18 F4
Orénoque, Fl., 36 D2
Orense, 14 C1
Öresund, Dét., 11 D4-5
Orhe, Riv., 13 F2
Orhid, 15 H5
Orissa, Rég., 21 G4
Orkhon, Riv., 22 C2
Orlando, 35 F6
Orléans, 12 C2-3
Ormuz, Dét. d', 20 D3
Orne, Fl., 12 B2
Örnsköldsvik, 11 E3
Ortegal, C., 14 C1
Ortler, Mt., 15 C2
Oruro, 36 D4
Osaka, 19 N6, 22 F3
Oshogbo, 26 G8
Osijek, 13 G3, 15 G3
Oslo, 11 D4
Oslo, Fj. d', 11 D4
Osnabrück, 12 D-E1
Osorno, 37 C7
Ossa, Mt., 38 D8
Ossétie du Nord, Rép. d', 18 E5
Ossétie du Sud, Rég.,18 E5
Östersund, 11 D3
Ostrava, 13 G2
Otekma, Riv., 19 M4
Otrante, Cl. d', 15 G5-6
Ottawa, 32 M5
Ouadi Halfa, 27 M5
Ouagadougou, 26 F7
Oubangui, Riv., 27 J9, 28 C2
Oudja, 26 F3
Oudmourtie, Rép. d', 18 F4
Ouebi Chibeli, Fl., 20 C5, 27 O8
Oued Medani, 27 M7
Ouessant, Î., 12 A2
Oufa, 18 F4
OUGANDA, 27 M9, 28 F2
Oulam Gom, 19 J4-5, 22 B1
Oulan-Bator, 19 K5, 22 C2
Oulan-Oude, 19 K4
Oulianovsk, 18 E4
Oulu, 11 G3
Oulu, Fl., 11 G3
Oulu, L., 11 G3
Oural, Fl., 18 F5
Oural, Mts., 18 F3
Ourmia, L. d', 20 C2, 27 P2
Ouroumtsi, 18 I5, 21 G1, 22 A2
Ours, Gd L. de l', 32 H-I3
Ouse, Riv., 10 F3
Oust-Ourt, Plat. d', 18 F5, 20 D1
Oustinov (voir Ijevsk)
Outchour, Riv., 19 N4
OUZBÉKISTAN, 18 G5, 20 E1
Oviedo, 14 D1
Owambo, Rég., 28 C6
Oxford, 10 F5
Oyo, 26 G8

P

Pacifique, Océan, 4D5-6&5 Q-R4-5
Padang, 23 C7
Padoue, 13 E3, 15 C3
Pag, Î., 13 F3
Pago-Pago, 39 H5
Païjänne, L., 11 F-G3
Paisley, 10 D3
PAKISTAN, 20 E3
Palana, 19 P4
Palaos, Îs., 23 F6
PALAU (BELAU), 23 F6, 38 C3
Palau, Fosse des, 23 F6
Palau, Îs., 16 I9
Palawan, Î., 23 D6-5
Palembang, 23 C7
Palencia, 14 D1
Palerme, 15 D6
Palikir, 38 E3
Palk, Dét. de, 21 F-G5-4
Palma, 14 H3
Palmes, C. des, 26 E9
Palmyra, Î., 39 I3
Palos, C. de, 14 F4
Pamir, Mts., 16 F6
Pampa, Rég., 37 D6
Pampelune, 14 F1
Panaji, 21 F4
PANAMÁ, 37 L12
Panamá, 37 M12
Panamá, Cl. de, 37 L11-12
Panamá, G. de, 37 M12
Panay, Î., 23 E5
Pantelleria, Î., 15 D7
Papeete, 39 K5
PAPOUASIE-NOUVELLE-GUINÉE, 38 D4
Pará, Rég., 36 E3
Paracels, Îs., 23 D5
PARAGUAY, 37 D-E5
Paraguay, Riv., 37 E5
Paraíba, Rég., 36 G3
Paramaribo, 36 E2
Paraná, 37 D6
Paraná, Fl., 36 E5-6
Paraná, Rég., 37 E5
Parinas, C., 36 B3
Paris, 12 C2
Parisien, Bassin, Rég., 12 C2
Parme, 13 E3, 15 C3
Parnaiba, Fl., 36 F3
Parnasse, Mt., 15 I6
Parnu, 11 F4
Parry, Îs., 32 I-J2
Pas-de-Calais, Rég., 12 C2
Passero, C., 15 E7
Pasto, 36 C2
Patagonie, Rég., 37 C-D8-7
Patchuca, 34 E7
Patkaï, Mts., 21 H3, 22 B4
Patna, 21 G3
Patras, 15 H6
Pau, 12 B4
Pau, G. de, 12 B4
Pavie, 12 E3, 15 B3
PAYS-BAS, 12 C-D2-1
Pays Basque, Rég., 12 B4, 14 E1
Pays de Galles, Rég., 10 E5-4
Peace River, Riv., 32 I4
Pecos, Riv., 34 D5
Pécs, 13 G3, 15 G2
Pegu, 23 B5
Peïpous (Tchoudes), L., 11 G4
Pékin (voir Beijing)
Pelée, Mgne, 12 L7
Pelée, Mt., 36 I10
Péloponnèse, Rég., 15 H-I7
Pelotas, 37 E6
Pelvoux, Mt., 12 D3
Pemba, Î., 28 G-H3
Peña Trevinca, Mt., 14 C1
Peñalara, Mt., 14 E2
Penang, 23 C6
Peñarroya, Mt., 14 F2
Peñas, C. de, 14 C-D1
Pendjab, Rég., 21 F2
Penjina, G. de, 19 P-Q4-3
Penmarch, Pte de, 12 A3
Pennine, Ch., 10 E-F3
Pennsylvanie, 35 G3
Pentland, Détr. de, 10 E1
Penza, 18 E4
Penzance, 10 D5
Perdu, Mt., 14 F1
Périgord, Rég., 12 C3
Périgueux, 12 C3
Perm, 18 F4
Pernambouco, Rég., 36 G3
PÉROU, 36 C3-4
Pérouse, 15 D4
Pérouse, Dét. de la, 22 G2
Perpignan, 12 C4
Persique, G., 20 D3, 27 Q4
Perth (R.-U.), 10 E2
Perth (Aus.), 38 A7
Perugia, 13 F4
Pescara, 13 F4, 15 E4
Peshawar, 21 F2
Petchenga, 11 H2
Petchora, Fl., 18 F3
Peterborough, 10 F4
Petermann, Mts., 32 R2
Petit-Bourg, 12 J5
Petropavlosk-Kamtchatski, 19 P4
Petrozavodsk, 18 D3
Pevek, 4 B18
Philadelphie, 35 G3-4
Philippeville (voir Skikda)
PHILIPPINES, 23 E5-6, 38 A-B2
Philippines, F. des, 38 B2-3, 23 E5-6
Philippines, Mer des, 23 E5, 38 B-C2
Phitsanulok, 23 B5
Phnom Penh, 21 I4, 23 C5
Phoenix, 34 C5
Phoenix, Îs., 39 H4
Phou Loi, Mt., 22 C4
Piassina, Fl., 19 I2
Piauí Rég., 36 F3
Piave, Fl., 13 F3
Picardie, Rég., 12 C2
Pidurutalagala, Mt., 21 G5
Piémont, Rég., 12 D3
Pierre, 34 D3
Pietermaritzburg, 28 F8
Pilcomayo, Riv., 30 H-I6
Pilica, Riv., 13 H2
Pinatubo, Mt., 23 E5
Pinde, Mts. du, 15 H5-6
Pinega, Riv., 18 E3
Pise, 15 C4
Pistoia, 15 C4
Pisuerga, Riv., 14 D1
Pitcairn, Î., 39 M6
Pitcairn, Îs., 39 M6
Pitesti, 15 J3
Pittsburgh, 35 F3
Plaine, Haute, 6 G-H9
Plaines, Gdes, 32 J5
Plaisance, 13 E3, 15 B3
Plateau, 5 C35-34
Platte, Riv., 32 J5
Pleven, 15 J4
Ploch, 13 G1
Ploïesti, 15 K3
Plovdiv, 15 J4
Plymouth, 10 D5
Plzen, 13 F2
Pô, Fl., 13 E3, 15 C-D3
Pô, Pl. du, 6 I-J7
Pobeda, Mt., 19 O3
Pobedy, Pic, 18 H5, 21 F-G1
Podgorica (ex-Titograd), 15 G4, 13 G4
Point Barrow, 4 C20
Pointe-à-Pitre, 12 J5, 36 I9
Pointe, Grosse, 12 K5
Pointe-Noire, 12 J5, 28 B3
Poitiers, 12 C3
Poitou, Rég., 12 B-C3
Pôle Nord, 2 D
Pôle Sud, 3 D
POLOGNE, 11 E-F5, 13 G-H2
Poltava, 11 H6
Polynésie Française, 39 K5
Polynésie, Îs, 39 J4-6
Poméranie, Rég., 13 F1
Ponce, 35 H8
Pondichéry, 21 F4
Pontevedra, 14 B1
Pontianak, 23 C6-7
Pontique, Ch., 20 B1
Poole, 10 E-F5
Poopó, L., 37 D4
Popocatepetl, Mt., 34 E8
Pori, 11 F3
Port Elizabeth, 28 E9
Port-Gentil, 26 H10
Port Harcourt, 26 H9
Port-Louis, 29 K7
Port Moresby, 38 D4
Port of Spain,, 36 D1
Port-Saïd, 27 M3
Port-Soudan, 20 B4, 27 N6
Port-Vila, 38 F5
Port-au-Prince, 35 G8, 36 C1
Port-aux-Basques, 32 O5
Port-Gentil, 28 A3
Portland (Orégon), 34 B2
Portland (N.-Hampsh.), 35 G3
Porto Alegre, 37 E6
Porto Rico, Î., 35 H8, 36 D1
Porto Velho, 36 D3
Porto, 14 B2
Porto Novo, 26 G8
Portsmouth, 10 F5
PORTUGAL, 14 B-C4-2
Posadas, 37 E5
Potenza, 15 E5
Potosi, 37 D4
Pouilles, Rég., 15 E-G5
Pourri, Mt., 12 D3
Poyang, L., 22 D4
Poznan, 11 E5 13 G1
Pradred, Mt., 13 G2
Prague, 13 F2
Prato, 13 E4, 15 C4
Prespa, L., 15 H5
Preston, 10 E4
Pretoria, 28 E8
Prince de Galles, Î. du, 32 J-K2
Prince Rupert, 32 G4
Principe, Î., 26 H9, Î., 28 A2
Pripet, Marais du., 11 G5
Pripet, Riv., 11 G5, 13 I2
Pristina, 13 H4, 15 H4
Privas, 12 D3
Prosna, Riv., 13 G2
Prout, Riv., 15 K-L2
Provence, Rég., 12 D4
Providence, 35 G3
Provideniya, 19 S3, 32 C3
Province Maritime, Terr. de la, 19 N5
Prydz, B. de, 3 B33
Pskov, 11 G4
Puebla, 34 E8
Puebla, Rég., 34 E8
Pueblo, 34 D4
Puerto Deseado, 37 D7
Puerto Montt, 37 C7
Puertollano, 14 D3
Puncak Jaya, Mt., 38 C4
Pune, 21 F4
Punta Arenas, 37 C8
Purús, Riv., 36 D3
Pusan, 19 M6, 22 E3
Putumayo, Riv., 36 C3
Pya, L., 11 H2
Pyinmana (voir Naypyidaw)
Pyongyang, 19 M6, 22 E3
Pyrénées, 12 B-C4, 14 F-H1

Q

Qaanaaq (voir Thulé)
Qacentina (Constantine), 26 H2
Qargan He, Riv., 21 G2
QATAR, 20 D3, 27 Q4
Qilianshan, Mgnes, 22 B3
Qingdao, 22 D-E3
Qinghai, L., 21 H2, L., 22 B3
Qinghai, Rég., 22 B3
Qiqihar, 22 E2
Qom, 20 D2
Québec, 32 M5
Québec, Rég., 32 M4
Queensland, Rég., 38 C-D5
Quelimane, 28 G6
Queretaro, 34 D7
Querétaro, Rég., 34 D7 (2)
Quetta, 20 E2
Quezon City, 23 E5, 38 B2
Quimper, 12 A2-3
Quintana-Roo, Rég., 35 F8
Quito, 36 C3

R

Raba, Riv., 13 G3
Rabat, 26 E3
Rabaul, 38 E4
Race, C., 32 O5
Radom, 13 H2
Rainier, Mt., 34 B2
Raipur, 21 G3
Rajasthan, Rég., 21 F3
Raleigh, 35 G4
Ramfarhöfn, 11 L8
Rancagua, 37 C6
Randers, 11 D4
Rangoon, 21 H4, 23 B5
Rantemario, Mt., 23 D-E7
Rarotonga, Î., 39 I-J6
Ras al Hadd, C., 20 E3
Ras Asir (Cap Guardafui), C., 27 Q7
Ras Dachan, Mt., 27 N7
Ras Madraka, C., 20 D4
Ratak, Îs., 38 G2
Ratchasima, 23 C5
Ratik, Îs., 38 F3
Ratisbonne (Regensburg), 13 F2
Ravenne, 13 F3, 15 D3
Ravi, Riv., 21 F2
Rawalpindi, 21 F2
Rayong, 23 C5
Ré, Î., 12 B3
Reading, 10 F5
Recht, 20 C2
Recife, 36 G3
Red, Riv., 34-35 E5
Ree, L., 10 B-C4
Regensburg (voir Ratisbonne)
Reggane, 26 G4
Reggio d'Émilie, 13 E3, 15 C3
Reggio de Calabre, 15 E6
Regina, 32 J4
Reims, 12 C-D2
Reine Charlotte, Îs. de la, 32 G4
Reine Élizabeth, Î. de la, 32 H-L2-1
Reine-Alexandra, Ch. de la, 3 C-D30
Reine-Marie, Terre de la, 3 B-C32
Reine-Maud, Ch. de la, 3 D
Reine-Maud, Terre de la, 3 C37-36
Rennes, 12 B2
Reno, 34 C4
Reno, Fl., 13 E3
Renoso, Mt., 12 E4
Resita, 15 H3
Resolute, 4 C23
Réunion, Î., 29 K7
Réus, 14 G2
Revillagigedo, Îs., 31 F4
Révolution d'Octobre, Î. de la, 19 I-J2
Reykjanes, C., 11 K8
Reykjavík, 11 K8
Reynosa, 34 E6
Rhénan, Massif Schisteux, Mts., 12 D-E2
Rhénanie du Nord-Westphalie, Rég., 12 D-E2
Rhénanie-Palatinat, Rég., 12 D2
Rhin, Fl., 12 D2
Rhode Island (R-I), 35 G3
Rhodopes, Mts., 15 I-J5
Rhön, Rég., 13 E2
Rhondda, 10 E5
Rhône, Fl., 12 D3
Riazan, 18 D4
Ribatejo, Rég., 14 B3
Richmond, 35 G4
Rif, Mts., 26 F3
Riga, 11 F4, 18 C4
Riga, G. de, 11 F4
Rijeka, 13 F3, 15 E3
Rimini, 13 F3, 15 D3
Rindjani, Mt., 23 D7
Rio Branco, 36 D3
Rio Branco, Riv., 30 H5-4
Rio das Mortes, Riv., 36 E4
Rio de Janeiro, 37 F5
Rio de Janeiro, Rég., 37 F5
Rio de la Plata, Fl., 37 E6
Rio Fuerte, Fl., 34 D6
Rio Grande do Norte, Rég., 36 G3
Rio Grande do Sul, Rég., 37 E5-6
Rio Grande, 37 E6
Rio Grande (É.-U.), Fl., 34 D-E5-6
Rio Grande (Mex.), Fl., 34 D7
Rio Grande, Riv., 37 F4
Rio Negro, Riv., 30 H4-5
Rio Teles Pires, Riv., 36 E3
Rioja, La, Rég., 14 E1
Riou, Fl., 14 G5
Riyad, 20 C3, 27 P5
Robert, Havre du, 12 M7
Robinson Crusoé, Î., 37 C6
Robson, Mt., 32 I4
Roca, C. da, 14 A-B3
Rochester, 35 G3
Rocheuses, Mgnes, 34 C-D2-5
Rodez, 12 C3
Rodolphe (voir Turkana)
Roi-Baudouin, 5 C35
Roi-Edouard-VII, Terre du, 3 C-D44
Rome, 15 D5
Ronda, 14 D4
Ronda, Sa. de, Mts., 14 D4
Rondônia, Rég., 36 D4
Roraima, Mt., 36 D2
Roraima, Rég., 36 D2
Roraina, Mt., 30 H4
Rosario, 37 D6
Rosas, G. de, 14 H1
Rose, Mt., 12 D3, 15 A2-3
Roseau, 36 I9
Ross, Banquise de, 3 D
Ross, Barrière de, 3 C45
Ross, Mer de, 3 C45
Rosslare, 10 C4
Rostock, 13 F1
Rostov-s.-Le-Don, 18 D5
Rotterdam, 12 D2
Roub' al Khali, Dés., 20 C-D3-4, 27 P-Q6
Roubaix, 12 C2
Rouen, 12 C2
Roufidji, Fl., 28 G4
Rouge, Mer, 20 B-C3-4, 27 N-O4-7
ROUMANIE, 13 H3, 15 I-K3
Rovaniemi, 11 G2
Rovno, 11 G5
Rovuma, Fl., 28 G5
ROYAUME-UNI, 10 C-F3
Ruapehu, Mt., 38 G7
Rugby, 10 F4
Rügen, Î., 13 F1
Rukwa, L., 28 F4
Rummah, Riv., 20 C3
Rungwe, Mt., 28 F4
Ruse, 15 J4
Russe, Pl., 18 E3
Russie Cent., Plat. de, 7 N-O4-6
Russie Occid., Hauteurs de la, 11 G-H5-4
RUSSIE, 18-19 H-J3
Russie, Pl. de, 16 C-D4
Ruwenzori, Mt., 27 L-M9, 28 F2
RWANDA, 27 L-M10, 28 E-F3
Rybinsk, L., 7 O-P4
Rysy, Mt., 13 G-H2
Ryukyu, Fosse des, 22 E-F4
Ryukyu, Îs., 22 E4
Rzeszów, 13 H2

S

Saale, Riv., 13 E2
Saba, Î., 36 I9
Sabadell, 14 H2
Sable, C., 32 N5
Sable, Gd. Désert de, 38 B5-6
Sacramento, 34 B4
Sacramento, Fl., 34 B3
Sado, Fl., 14 B3
Safi, 26 E3
Sagra, La, Mt., 14 E3-4
Sahara Espagnol, 4 H-I4
Sahara Occid., 26 D4
Sahara, 26-27 E-K5
Saharanpur, 21 F2-3
Sahel, 26-27 E-J6
Saïän Occid., Mts., 19 J4
Saïän Orient., Mts., 19 J4
Saïan, Mts., 16 G-H4
Saigon (voir Hô Chi Minh-Ville)
Saïmaa, L., 11 G3
Saint-André, 12 O9
Saint-Barthélemy, Î., 36 I9
Saint-Benoît, 12 O10
Saint-Brieuc, 12 B2
SAINT-CHRISTOPHE ET NIÉVÈS, 36 I9
Saint-Claude, 12 J5
Saint David, C., 10 D5
Saint-Denis, 12 N9, 29 K7
Saint-Domingue, 35 H8
Saint-Étienne, 12 D3
Saint-Étienne, R., 12 N10
Saint George's, 36 I10
Saint Georges, Cl., 10 C-D5-4
Saint Helens, 10 E4
Saint-Jacques-de-Compostelle, 14 B1
Saint-Jean, L., 32 M5
Saint John, 32 N5
Saint John's, 32 O5
Saint-John's, 36 I9
Saint-Joseph, 12 O10
Saint-Laurent, Fl., 32 N5
Saint-Laurent, G. du, 32 N-O5
Saint-Laurent, Î., 32 C3
Saint-Lô, 12 B2
Saint-Louis (Réunion), 12 N10
Saint-Louis (Sén.), 26 C6
Saint Louis, 35 E4
Saint-Lucas, C., 30 F3
Saint Magnus, B. de, 10 H-I7
SAINT-MARIN, 13 F4
Saint-Marin, 13 F4, 15 D4
Saint-Martin, Î., 36 I9
Saint-Martin, C., 12 L7
Saint-Mathieu, Pte, 12 A2
Saint-Paul, 12 N10
Saint-Paul, B. de, 12 N9
Saint Paul, 35 E3
Saint Petersburg, 35 F6
Saint-Pétersbourg (ex-Leningrad), 11 H4, 18 D4
Saint-Pierre, 12 N10
Saint-Pierre-et-Miquelon, Î., 32 O5
Saint-Sébastien, 14 E-F1
Saint-Vincent, C., 24 B2
SAINT-VINCENT ET GRENADINES, 36 I10
Sainte-Anne, 12 K5
Sainte-Croix, Î., 36 I9
Sainte-Hélène, î., 24 B4
SAINTE-LUCIE, 36 I10
Sainte-Marie (Mart.), 12 L7
Sainte-Marie (Réunion), 12 O9
Sainte-Marie, C., 29 I8
Sainte-Rose (Guad.), 12 J5
Sainte-Rose (Réunion), 12 O10
Sainte-Suzanne, 12 O9
Sajo, Riv., 13 H2
Sakhaline, Î., 19 O4-5, 22 G1-2
Sakla (voir Iakoutie)
Sal, î., 24 A3
Salada, 20 D4
Salado, Riv., 37 D5
Salamanque, 14 D2
Salé, 26 E3
Salé (Grand Désert), 20 D2
Salé, Gd L., 34 C3
Salekhard, 18 G3
Salem (Inde), 21 F4
Salem (É.-U.), 34 B3
Salerne, 15 E5
Salford, 10 E4
Salines, Gdes, 37 D5
Salisbury, 10 F5
Salmon, Riv., 34 C2
Salomon, C., 12 L7
SALOMON, ÎS., 38 E-F4-5
Salonique (voir Thessalonique)
Salouen (Nu Jiang), Fl., 21 H3, 22 B5
Salpausselka, Rég, 11 F-G3
Salt Lake City, 34 C3
Salta, 37 D5
Saltillo, 34 D6
Salvador, 36 G4
SALVADOR (EL), 4 E5
Salzach, Riv., 13 F3
Salzbourg, 13 F3
Salzgitter, 13 E1-2
Samar, Î., 23 E5
Samara (ex-Kouïbychev), 18 F4
Samarcande, 18 G6, 20 E2
Samarinda, 23 D7
Samkuru, Riv., 24 D4
SAMOA, 39 H5
Samoa, Îs., 39 H-I5
Samoni, Pic, 18 H6, 21 F2
Samos, Î., 15 K7
Samothrace, Î., 15 J5
San Ambrosio, Î., 37 C5
San Antonio, 34 E6
San Antonio, C., 35 F7
San Bernardino, 34 C5
San Diego, 34 C5
San Félix, Î., 37 B5
San Francisco, 34 B4
San Francisco, Mt., 34 C4
San Jose, 34 B4
San José, 37 L12
San Juán (P.-Rico), 35 H8, 36 D1
San Juan (Chili), 37 D6
San Lazaro, C., 34 C7
San Lucas, C., 34 C-D7
San Luis Potosi, 34 D7
San Luis Potosi, Rég., 34 D7
San Miguel de Tucuman, 37 D5
San Pedro Sula, 37 L11
San Salvador, 37 L11
San Valentin, Mt., 37 C7
San, Riv., 13 H2
Sanaa, 20 C4, 27 O6
Sanae, 5 C37
Sanaga, Fl., 24 C3
Sancy, Puy de, Mt., 12 C3
Sanday, Î., 10 E-F1
Sandwich du Sud, Fosse des, 30 J-K7
Sandzak, Rég., 13 G-H4, 15 G-H4
Sanga, Riv., 26 J9, 28 C2
Sangonera, Riv., 14 F4

Santa Barbara, 34 C5
Santa Catarina, Rég., 37 E-F5
Santa Clara, 35 F7
Santa Cruz, 26 C4
Santa Cruz, 36 D4
Santa Fe, 34 D4
Santa Maria Di Leuca, C., 15 F-G6
Santa Maria, 37 E5
Santander, 14 E1
Santarem (Port.), 14 B3
Santarém (Brésil), 36 E3
Santee, Fl., 35 F5
Santiago de Cuba, 35 G7-8, 36 C0
Santiago (Rép.-Dom), 35 G8
Santiago (Chili), 37 C6
Santo Antão, Î., 24 A3
Santos, 37 F5
São Francisco, Fl., 36 G3
São Luis, 36 F3
São Paulo, 37 F5
São Paulo, Rég., 37 E-F5
São Roque, C., 36 F3
São Tiago, Î., 24 A3
SÃO TOMÉ ET PRINCIPE, 26 H9, 28 A2
São Tomé, 26 H10, 28 A2
São Tomé, Î., 26 H9, 28 A3
São Vicente, Î., 24 A3
São.-Vicente, C. de, 14 B4
Saône, Riv., 12 D3
Sapporo, 23 G2
Saragosse, 14 F2
Sarajevo, 13 G4, 15 G4
Saransk, 18 E4
Saratov, 18 E4
Sarawak, Rég., 23 D6
Sardaigne, Î., 15 B5
Sarema, Î., 11 F4
Sargasses, Mer, des 2 F-G4
Sarh, 27 J8
Sarre, Riv., 12 D2
Sarrebruck, 12 D2
Sarthe, Riv., 12 C2
Saskatchewan, Rég., 32 J4
Saskatchewan, Riv., 32 J4
Saskatoon, 32 J4
Sàssari, 15 B5
Satu Mare, 15 I1, 13 H3
Sault-Ste-Marie, 35 F2
Savannah, 35 F5
Save, Fl., 28 F7
Save, Riv., 13 G3, 15 F3
Savoie, Rég., 12 D3
Savu, Mer de, 23 E7
Saxe, Rég., 13 F2
Saxe-Anhalt, 13 E-F1
Saynshand, 19 L5, 22 D2
Scafell Pike, Mt., 10 E3
Scandinavie, Mts. de, 11 C-G4-2
Scandinavie, Rég., 6 I-L4-2
Scarborough, 10 F3
Schefferville, 32 N4
Schleswig-Holstein, Rég., 13 E1
Schoelcher, 12 L7
Schwerin, 13 E1
Scilly, Îs., 10 C6
Scott, 5 C28
Scunthorpe, 10 F4
Seattle, 34 B2
Sébastopol, 18 D5
Sébha, 26 I4
Sebútal, 14 B3
Sebútal, B. de, 14 B3
Sedov, Mt., 18 F2
Seg, L., 11 H3
Ségovie, 14 D2
Segre, Riv., 14 G2-1
Segura, Fl., 14 E-F3
Seine, Fl., 12 C2
Sekondi-Takoradi, 26 F8-9
Selemdia, Riv., 19 N4
Selvas, Rég., 36 C-D3
Semarang, 23 D7
Semeru, Mt., 23 D7
Sendai, 23 G3
SÉNÉGAL, 26 C-D6
Sénégal, Fl., 26 D6
Senja, Î., 11 E2
Seo de Urgel, 14 G1
Séoul, 19 M6, 22 E3
Sept-Îles, 32 N4
SERBIE (ex-Yougoslavie), 13 H3, 15 H4
Sergipe, Rég., 36 G4
Sertao, Rég., 36 F4
Severnaïa Zemlia (Terre du Nord), 19 K-M1
Severodvinsk, 11 I3
Séville, 14 C-D4
SEYCHELLES, 29 J-K4
Seychelles, Îs., 16 E10
Seydhisfjördhur, 11 L8
Sfax, 26 I3
Shaanxi, Rég., 21 I2, 22 C3
Shaba (Katanga), Rég., 28 E4
Shackleton, Barrière de, 3 B32-31
Shagway, 32 G4
Shahjahanpur, 21 F-G3
Shandong, Rég., 22 D3
Shanghai (Chang-Hai), 22 E3
Shannon, Fl., 10 B4
Shanxi, Rég., 21 J2, 22 D3
Shasta, Mt., 34 B3
Sheffield, 10 F4
Shenyang, 19 M5, 22 E2
Shenyang, 5 P3
Sherbro, Î., 26 D8
Shetland, Îs., 10 I8-7
Shijiazhuang, 22 D3
Shikoku, Î., 22 F3
Shillong, 21 H3
Shkodra, 15 G4
Shkodra, L. de, 15 G4
Shmidta, 4 B19-18
Sholapur, 21 F4
Shreveport, 35 E5
Shrewsbury, 10 E4
Si-Kiang, Fl., 16 H7
Siauliai, 11 F4
Sibérie Centrale, Plat. de, 19 K3
Sibérie Occid., Pl. de, 18 G-H3
Sibérie Orient., Mer de, 19 P-Q2
Sibérie, 16 E-H3
Sibiu, 15 J3
Sichuan, Rég., 21 I2, 22 C3
Sicile, Î., 15 D-E7
Sicile, Dét. de, 15 C-D7
Sidley, Mt., 3 C43
Sienne, 15 C4
SIERRA LEONE, 26 D8
Sierra Madre Mérid., 34 D-E8
Sierra Madre Occid., 34 D6-7
Sierra Madre Orient., 34 D-E6-7
Siglufjördhur, 11 L8
Sikhote Alin, Ch., 19 N5, Ch., 22 F2
Sikkim, Rég., 21 G3 (3)
Sil, Riv., 14 C1
Silésie, Rég., 13 F-G2
Simla, 21 F2
Simpson, Dés. de, 38 C6
Sinaï, Mt., 20 B3
Sinaloa, Rég., 34 D7
SINGAPOUR, 23 C6
Singapour, 23 C6
Sioux Falls, 34 E3
Sivas, 20 B1-2
Sjaelland, Î., 11 D4
Skagerrak, Dét., 11 C4
Skékesfehérvar, 13 G3
Skellefte, Fl., 11 E-F2-3
Skelleftéå, 11 F3
Skien, 11 C4
Skikda (Philippeville), 26 H2
Skopje, 13 H4, 15 H4-5
Skye, Î., 10 C2
Slavonie, Rég., 13 G3, 15 F3
Sligo, 10 B3
Sliven, 15 K4
Slovaques, Mts. Métallifères, 13 G-H2
SLOVAQUIE, 13 G2
Slovaquie, Rég., 13 H2
SLOVÉNIE, 13 F3, 15 E-F2
Smolensk, 11 H5
Snake, Riv., 34 C2-3
Sniardwy, L., 13 H1
Snøhetta, Mt., 11 C3
Snowdon, Mt., 10 D4
Sobat, Riv., 27 M8
Société, Îs. de la, 39 J5
Socotra, Î., 20 D4, 27 Q7
Söderhamn, 11 E3
Sofia, 15 I4
Sogne, Fj., 11 C3
Sokoto, 26 H7
Soleiman, Mts., 20 E3-2
Soller, 14 H3
Solovietsk, Î., 11 I2
Solway, Firth of, 10 D-E3
Somali, Massif, 27 P8-7
SOMALIE, 27 P9-8, 29 H-I2
Somaliland, Rég., 27 P-Q7
Somalis, Pén. des, 16 E9
Somesul, Riv., 13 H3
Son, Riv., 21 G3
Sonde, Dét. de la, 23 C7
Sonde, Îs. de la, 23 C-D7
Sonde, Petites Îles de la, 23 D-E7
Songhai Jiang, Riv., 22 E-F2
Sonora, Rég., 34 C5
Sör Rondane, Mts., 3 C36-35
Soria, 14 E2
Sorong, 23 F7
Sørøy, 11 F1
Sosnowiec, 13 G2
SOUDAN, 27 L-M7, 28 E-F1
Soudan, Rég., 26-27 F-L7
Soufrière, Mt., 12 J5, 36 I9
Soukhona, Riv., 18 E4-3
Soukhoumi, 18 E5
Soura, Riv., 18 E4
Sourgout, 18 H3
Sousse, 26 I2
South Downs, Rég., 10 F-G5
South Platte, Riv., 34 D3
South Shields, 10 F3
Southampton, 10 F5
Southampton, Î., 32 L3
Southend on Sea, 10 G5
Spartivento, C., 15 B6
Spey, Fl., 10 E2
Spitzberg, Îs., 16 B-C2
Split, 13 G4, 15 F4
Spokane, 34 C2
Sporades du Nord, Îs., 15 I-J6
Sporades du Sud, Îs., 15 K7
Spratleys, Îs., 23 D6
Spree, Riv., 13 F2
Springfield (Illinois), 35 E-F4
Springfield (Ohio), 35 F4
Springfield (Massach.), 35 G3
SRI LANKA, 21 G5
Srinagar, 21 F2
Stad, C., 11 B3
Stalingrad (voir Volgograd)
Stanley, 37 E8
Stanovoï, Mts., 19 M-N4
Stara Zagora, 15 J4
Start, Pte, 10 E5
Stavanger, 11 C4
Stepanakert (ex-Khankendi), 18 E5-6
Stéphanie, L., 27 N9
Stettin (voir Szczecin)
Stewart, Î., 38 F8
Stockholm, 11 E4
Stockport, 10 E4
Stockton-on-Tees, 10 F3
Stoke-on-Trent, 10 E4
Stonington, 5 B40
Stor, L., 11 D3
Stora Lulevatten, L., 11 E2
Storavan, L., 11 E-F2
Stornoway, 10 C1
Stranraer, 10 D3
Strasbourg, 12 D2
Stromboli, Mt., 15 E6
Stronsay, Î., 10 E-F1
Struma, Fl., 15 I5
Stuttgart, 12 E2
Subotica, 13 G3, 15 G2
Sucre, 37 D4
Sud Ronaldsay, Î., 10 E-F1
Sud, Î. du, 38 F8
Sudbury, 32 L5
Sudètes, Mts., 13 F-G2
SUÈDE, 11 D-E4-2
Suez, 27 M3-4
Suez, Cl. de, 27 M3
Suez, G. de, 27 M4
Suffolk, Rég., 10 G4
Suir, Fl., 10 C4
SUISSE, 12 D-E3
Sulaiman, Mts, 16 F7-6
Sulawesi (voir Célèbes)
Sulitelma, Mt., 11 E2
Sulu, Mer de, 23 D-E6
Sumatra, Î., 23 B-C6
Sumba, Î., 23 D-E7
Sumbawa, Î., 23 D7
Sumen, 15 K4
Sunderland, 10 F3
Sundsvall, 11 E3
Supérieur, L., 32 K-L5, 35 F2
Surabaya, 23 D7, 38 A4
SURINAM, 36 E2
Sutlej, Riv., 21 F2
Suva, 39 G5
Svealand, Rég., 11 D-E3
Sverdlovsk (voir Ekaterinbourg)
Sverdrup, Îs., 32 J-K2
Swansea, 10 E5
SWAZILAND (NGWANE), 28 F8
Swindon, 10 F5
Sydney, 38 E7
Syktyvkar, 18 F3
Syr-Daria, Fl., 18 G5, 20 E1
Syracuse, 15 E7
Syracuse, 35 G3
SYRIE, 20 B2, 27 N2-3
Syrie, Dés. de, 20 B-C2, 27 N-O3
Syrte, G. de la Grande, 27 J3
Szczecin (ex-Stettin), 11 D5, 13 F1
Szeged, 13 H3
Szeged, 15 H2
Székesfehérvar, 13 G3

T

Tabasco, Rég., 35 E8
Tabora, 28 F4
Tabriz, 20 C2, 27 P2
Tachkent, 18 G5, 20 E1
Tademaït, Plat. du, 26 G4
TADJIKISTAN, 18 H6, 20 E-F2
Taegu, 19 M6, 22 E3
Tage, Fl., 14 B3
Tahat ,Mt., 26 H5
Tahiti, Î., 39 J-K5
Taibei (Taipeh), 22 E4
Taïmyr, Fl., 19 J2
Taïmyr, Presq. de, 16 G-H2
Taïmyr, Rég. des, 19 J2
Taipeh (voir Taibei)
Taiwan (Formose), Î., 22 E4
TAIWAN, 22 E4
Taiwan, Î., 16 I7
Taiyuan, 21 J2, 22 D3
Taizhong, 22 E4
Taizz, 20 C4
Takla Makan, Dés. de, 21 G2
Talavera de la Reina, 14 D3
Talca, 37 C6
Talcahuano, 37 C6
Tallahassee, 35 F5
Tallinn, 11 F4, 18 C4
Tamalé, 26 F8
Tamanrasset, 26 H5
Tamaupilas, Rég., 34 E7
Tamega, Riv., 14 B-C2
Tamgak, Mts., 26 H6
Tamil-nadu, Rég., 21 F4
Tamise, Fl., 10 G5
Tampa, 35 F6
Tampere, 11 F3
Tampico, 34 E7
Tana, Fl., 11 G2
Tana, Fl., 27 O10, 28 H3
Tana, L., 27 N7
Tananarive (voir Antananarivo)
Tanaro, Riv., 12 D3
Tanezrouft, Rég., 26 F-G5
Tanga, 28 G3-4
Tanganyika, L., 28 F4
Tanger, 26 E2
Tangshan, 22 D3
Tanimbar, Îs., 23 F7
Tannou Ola, Mts., 19 J4
Tanta, 27 M3
TANZANIE, 27 M-N10, 28 F-G4
Taolagnaro (Fort Dauphin), 29 I8
Tapajós, Riv., 36 E3
Tara, Riv., 13 G4, 18 H4
Tarawa, Î., 38 G3-4
Tarbagataï, Ch., 18 I5
Tarbes, 12 C4
Tarente, 15 F5
Tarente, G. de, 15 F5-6
Tarifa, 14 D4
Tarim, Riv., 21 G1
Tarlac, 23 E5
Tarnów, 13 H2
Tarragone, 14 G2
Tarrasa, 14 G-H2
Tartou, 11 G4
Tasman, Mer de, 38 E7
Tasmanie, Î., 38 D-E8
Tatarie, Dét. de, 19 O4
Tatars, Dét. des, 22 G1-2
Tatarstan, Rép. du, 18 F4
Tatra, Mts., 13 G-H2
Taurus, Mts., 20 B2, 27 M2
Tavda, Riv., 18 G4
Tavoy, 23 B5
Taz, Riv., 18 I3
Tbilissi (ex-Tiflis), 18 E5, 20 C1
TCHAD, 27 J-K7
Tchad, Bassin du, 26 I-J6-7
Tchad, L., 26 I7
Tchagos, Îs., 16 F10
Tcheboksary, 18 E4
Tcheliabinsk, 18 G4
Tcheliouskine, 4 C15
TCHÈQUE, RÉP., 13 F2
Tcherepovets, 11 I4
Tcherkessk, 18 E5
Tchernigov, 11 H5
Tchernobyl, 11 G-H5
Tchersky, Mts., 19 N-O3
Tchétchénie, Rép. de, 18 E5
Tchita, 19 L4
Tchoibalsan, 19 L5, 22 D2
Tchou, Riv., 20 F1
Tchoudes (voir Peïpous)
Tchouktches, Rég. des, 19 R3
Tchouma, Riv., 19 J4
Tchoutchis, Mer des, 19 S3
Tchouvachie, Rép. de, 18 E4
Tegucigalpa, 37 L11
Téhéran, 17 E6
Téhéran, 20 D2, 27 Q2
Tehuantepec, G. de, 35 E8
Tel Aviv, 20 B2, 27 M3
Temuco, 37 C6
Ténéré, Rég., 26 I5
Tenerife, Î., 26 C4
Tennessee, 35 F4
Tennessee, Riv., 35 F5
Tepic, 34 D7
Ter, Fl., 14 H2
Terek, Fl., 7 Q7
Teresina, 36 F3
Terni, 13 F4, 15 D4
Terre de Feu, 37 D8
Terre de Feu, Î., 30 H7
Terre du Nord (voir Severnaïa Zemlia)
Terre-Neuve, Î., 32 O5
Terre-Neuve, Rég., 32 O4
Teruel, 14 F2
Tessin, Riv., 12 E3
Tétouan, 26 E2
Texas, 34 E5
Texel, Î., 12 D1
Thabana Ntienyana, Mt., 28 E8
THAÏLANDE, 21 H-I5-4, 23 B-C6-5
Thaïlande, G. de, 21 I5, 23 C5-6
Thar, Dés. de, 16 F7
Thaya, Riv., 13 F-G2
Thessalonique (ex-Salonique), 15 I5
Thiès, 26 C7
Thimphu, 21 G3
Thon Buri, 23 C5
Thulé (Qaanaaq), 32 N2
Thunder Bay, 32 L5
Thurso, 10 E1
Tian Chan, Mgnes, 18 I5, 21 F-G1
Tianjin (Tien Tsin), 22 D3
Tibesti, Mts., 27 J5
Tibet (Xijang), Rég., 21 G2
Tibet (Xizang), 22 B3
Tibet, Plat. du, 16 G6
Tibre, Fl., 13 F4, 15 D4
Tien Tsin (voir Tianjin)
Tietar, Riv., 14 D3-2
Tiflis (voir Tbilissi)
Tigre, Fl., 20 C2, 27 P3
Tijuana, 34 C5
Tiksi, 4 C16
Tilbourg, 12 D2
Timisoara, 13 H3, 15 H3
TIMOR-ORIENTAL, 23 E7
Timor, Î., 23 E7, 38 B4
Timor, Mer de, 23 E8, 38 B5
Tindouf, 26 E4
Tipperary, 10 B4
Tirana, 15 G5
Tiraspol, 15 L2
Tîrgu mures, 15 J2
Tiruchirapalli, 21 F4
Tisza, Riv., 13 H3
Titicaca, L., 36 C-D4
Titograd (voir Podgorica)
Tlaxala, Rég., 34 E8 (4)
Tlemcen, 26 F3
Toamasina, 29 I6
Tobol, Riv., 18 G4
Tobrouk, 27 K3
Tocantins, Fl., 36 F3
Tocantins, Rég., 37 F4
Togliatti, 18 E4
TOGO, 26 G8
Tokelau, Îs., 39 H4
Tokyo, 22 F3
Tolbuhin, 15 K4
Toleara, 28 H7
Tolède, 14 D-E3
Tolède, Mts. de, 14 D-E3
Toledo, 35 F3
Tombouctou, 26 F6
Tomsk, 18 I4
TONGA, 39 H5
Tonga, F. des, 39 H6
Tongatapu, Î., 39 H6
Tonkin, G. du, 22 C4-5
Tonlé Sap, L., 23 C5
Top, L., 11 H2
Topeka, 35 E4
Tordesillas, 14 D2
Tormes, Riv., 14 C-D2
Torne, Fl., 11 F2
Toronto, 32 M5
Torremolinos, 14 D4
Torrens, L., 38 C7
Torreón, 34 D6
Torres, Dét. de, 38 D4-5
Tortosa, 14 G2
Tortosa, C., 14 G2
Torun, 13 G1
Toubkal, Mt., 26 E3
Touggourt, 26 H3
Toula, 18 D4
Toulon, 12 D4
Toulouse, 12 C4
Toummo, 26 I5
Toundra, Rég., 7 R-S2
Toungouka pierreuse, Riv., 19 J3
Toura, 19 J-K3
Toura, Riv., 7 T4
Touran, Dép. du, 16 E-F5
Tourcoing, 12 C2
Tours, 12 C3
Toussidé, Pic, 26 J5
Touvas, Rép. des, 19 J4
Tralee, 10 B4
Transvaal-Est, Rég., 28 E-F8
Transvaal-Nord, Rég., 28 E7
Transylvanie, Rég., 15 I-J2
Tras Os Montes, Rég., 14 C2
Trasimene, L. de, 13 E4
Trébizonde, 20 B1
Trent, Fl., 10 F4
Trente, 15 C2
Trentin-Haut-Adige, Rég., 13 E3
Trenton, 35 G3
Tres Marias, Îs, 34 D7
Trêves, 12 D2
Trévise, 15 D3
Trieste, 13 F3, 15 D3
Trieste, G. de, 13 F3
Triglav, Mt., 13 F3, 15 D2
TRINITÉ ET TOBAGO, 36 D-E1-2
Tripoli, 26 I3
Tripura, Rég., 21 H3 (9)
Tristan da Cunha, Î., 4 I7
Trivandrum, 21 F5
Troie, 15 K6
Trois-Fourches, C. des, 14 E5
Tromso, 11 E2
Trondheim, 11 D3
Trondheim, Fj., 11 C3
Troyes, 12 C-D2
Trujillo, 14 D3
Trujillo, 36 C3
Truk, Îs., 38 E3
Truro, 10 D5
Tsaratanana, Mt., 29 I5
Tsimliansk, Rés. de, 7 P-Q6
Tskhinvali, 18 E5
Tsugaru, Dét. de, 22 F-G2
Tuamotu, Arch. des, 39 K-L5
Tubuaï, Îs. (voir Îs. Australes)
Tucson, 34 C5
Tulle, 12 C3
Tulsa, 34 E4
Tumba, L., 27 J10
Tunis, 26 I2
TUNISIE, 26 H3-2
Tunnel ferro. sous la Manche, 10 G5, 12 C2
Turia, Fl., 14 F3
Turin, 12 D3, 15 A3
Turkana (Rodolphe), L., 27 N9, 28 G2
Turkmenbashi, 18 F5, 20 D1
TURKMÉNISTAN, 18 F-G6, 20 D-E2
Turks et Caïcos, Îs, 35 G6
Turku, 11 F3
TURQUIE, 15 K6, 20 B-C2, 27 L-O2
TUVALU, 38 G4
Tuxtla Gutierrez, 35 E8
Tuz, L. de, 7 N8
Tuzla, 15 G3
Tver (ex-Kalinin), 11 I4, 18 D4
Tweed, Fl., 10 E3
Tyne, Fl., 10 E3
Tyrrhénienne, Mer, 15 C-E5-6

U

U.R.S.S. (voir C.E.I.)
Ucayali, Riv., 36 C3
Udine, 13 F3, 15 D2
Uele, Riv., 28 D2
Uhuru (Kilimandjaro), Pic, 27 N10, 28 G3
Uist Nord, Î., 10 B-C2
Uist Sud, Î., 10 B-C2
Ujung Pandang (Macassar), 23 D7, 38 A-B4
UKRAINE, 18 C-D5
Ukraine, Pl. d', 7 N-O6
Ullapool, 10 D2
Ulm, 13 E2
Ulster (voir Irlande du Nord)
Ume, Fl., 11 E3
Umeå, 11 F3
Una, Riv., 13 G3
Unst, Î., 10 I7
Upernavik, 32 O2
Uppsala, 11 E4
Urmia, L. d', 18 E6
URUGUAY, 37 E6
Uruguay, Riv., 37 E5
Ushuaia, 37 D8
Usti Nad Labem, 13 F2
Utah, 34 C4
Utrecht, 12 D1
Uttar-Pradesh, Rég., 21 G3
Uyuni, Salar de, 37 D5
Uzgorod, 13 H2

V

Vaal, Riv., 28 E8
Vaasa, 11 F3
Vadodara, 21 F3
Vadsø, 11 G1
Vaduz, 12 E3
Vah, Riv., 13 G2
Vahsel, B. de, 3 C39-38
Valachie, Rég., 15 I-K3
Valdaï, Plat. du, 11 H4
Valdivia, 37 C6
Valence, 12 D3
Valence, 14 F3
Valence, G. de, 14 G3
Valence, Rég., 14 F3
Valencia, 36 D1
Valga, 11 G4
Valladolid, 14 D2
Valparaíso, 37 C6
Van, L. de, 20 C2, 27 O2
Vancouver, 32 H5
Vancouver, Î., 32 G-H5
Vänern, L., 11 D4
Vannes, 12 B3
Vanua Levu, Î., 39 H5
VANUATU, 38 E-F5
Varanasi (Bénarès), 21 G3
Varanger, Fj., 11 H1
Vardar, Fl., 15 I5
Varna, 15 K4
Varsovie (Warsawa), 13 H1
Västerås, 11 E4
VATICAN, 15 D4
VATICAN, 13 E4
Vatnajökull, Rég., 11 L8
Vatneyri, 11 K8
Vättern, L., 11 D4
Vaxjo, 11 D4
Veld, Bas, Rég., 28 E7
Veld, Haut, Rég., 28 E8
Velebit, Mts., 13 F3
Velikaïa, Fl., 11 G4
Vendée, Rég., 12 B3
Vénétie, Rég., 13 E-F3
VENEZUELA, 36 C-D2
Venise, 13 F3, 15 D3
Venise, G. de, 15 D3
Vent, Cl. du, 35 G8-7
Vent, Îs. au, 36 I10-9
Ventspils, 11 F4
Véracruz, 34 E8
Veracruz, Rég., 34 E7
Verdon, Riv., 12 D4
Vereeniging, 28 E8
Verkhoïansk, 19 N3
Verkhoïansk, Mts. de, 19 M-N3
Vermont, 35 G3
Vérone, 13 E3, 15 C3
Versailles, 12 C2
Vert, C., 26 C7
Vesoul, 12 D3
Vest, Fj., 11 D-E2
Vesterålen, Îs., 11 D2
Vésuve, Mt., 15 E5
Vetlouga, Riv., 18 E4
Vettore, Mt., 15 D4
Vicence, 15 C3
Victoria, 29 K3
Victoria, 32 H5
Victoria, Chutes, 28 D-E6
Victoria, Gd. Dés. de, 38 B6
Victoria, Î., 32 I-J2
Victoria, L., 27 M10, 28 F3
Victoria, Rég., 38 D7
Victoria, Terre, 3 C29-28
Vienne, 13 G2
Vienne, Riv., 12 C3
Vientiane, 21 I4, 23 C5
Vierges, Îs, 35 H8, 36 H-I9
VIETNAM, 21 I3-4, 22-23 C4-5
Vieux Fort, 12 J6
Vieux Fort, Pte du, 12 J6
Vigie, Pte de la Gde, 12 J-K5
Vignemale, Mt., 12 B4
Vigo, 14 B1
Vikna, Îs., 11 C-D3
Vilaine, Fl., 12 B3
Villouï, Riv., 2 B15
Vilkitski, Dét. de, 19 J-K2
Villach, 13 F3
Villahermosa, 35 E8
Vilnius, 11 G5, 18 C4
Vilouï, Riv., 19 K3
Virginie Occid., 35 F4
Virginie, 35 G4
Visby, 11 E4
Vishakhapatnam, 21 G4
Viso, Mt., 12 D3, 15 A3
Vistule, Fl., 11 E5, 13 G1
Vitebsk, 11 H4
Viti Levu, Î., 39 G-H5
Vitim, Riv., 19 L4
Vitoria, 14 E1
Vitória, 37 F5
Vladikavkaz (ex-Ordjonikidze), 18 E5
Vladivostok, 19 N5, 22 F2
Vltava, Riv., 13 F2
Voïvodine, Rég., 13 G3, 15 G-H3
Volcano, Îs., 38 C1
Volga, Fl., 11 H4, 18 E5
Volga, Plat. de la, 7 P-Q5
Volgograd (ex-Stalingrad), 18 E5
Volkhov, Fl., 11 H4
Volta Blanche, Riv., 26 F7
Volta Noire, Riv., 26 F7-8
Volta, Fl., 26 F8
Volta, L., 26 G8
Vopnafjord, Fj., 11 L8
Vorkouta, 18 G3
Vorochilovgrad (voir Lougansk)
Voronej, 18 D4
Vosges, Mts., 12 D3-2
Vostok, 5 C31
Vrbas, Riv., 13 G3
Vukovar, 15 G3
Vyborg, 11 G3
Vytchegda, Riv., 18 E3

W

Waddington, Mt., 32 H4
Wahran (voir Oran)
Waigeo, Î., 23 F6
Wake, Î., 38 F2
Walbrzych, 13 G2
Wallis et Futuna, 39 G-H5
Wallonie, Rég., 12 D2
Walsall, 10 F4
Walvis Bay, 28 B7
Wargla, 26 H3
Warsawa (voir Varsovie)
Warta, Riv., 13 F1
Wash, the, 10 G4
Washington (D-C), 35 G4
Washington, 34 B-C2
Waterford, 10 C4
Watford, 10 F5
Wau, 27 L8
Weald, Rég., 10 F-G5
Weddell, Mer de, 3 C39
Wei He, Riv., 22 C3
Welkom, 28 E8
Wellington, 38 G8
Weser, Fl., 12 E1
West Palm Beach, 35 F6
Westray, Î., 10 E1
Wetar, Î., 23 E7
Wexford, 10 C4
Weymouth, 10 E5
Whitehaven, 10 E3
Whitehorse, 32 G3
Whitney, Mt., 34 C4
Wichita, 34 E4
Wick, 10 E1
Wicklow, Mts. de, 10 C4
Wieprz, Riv., 13 H2
Wiesbaden, 12 E2
Wight, Î. de, 10 F5
Wilhelmshaven, 12 D-E1
Wilkes, 5 B31
Wilkes, Terre de, 3 C30-31
Wilmington, 35 G4
Windhoek, 28 C7
Windsor, 10 F5
Winnipeg, 32 K4-5
Winnipeg, L., 32 K4
Winson, Massif, 3 C41
Winterthur, 12 E3
Wisconsin, 35 E-F2
Wkra, Riv., 13 H1
Wloclaweck, 13 G1
Wollongong, 38 E7
Wolverhampton, 10 E4
Worcester, 10 E4
Worthing, 10 F5
Wrangel, Î., 19 R-S2
Wrath, C., 10 D1
Wroclaw (ex-Breslau), 11 E5, 13 G2
Wu Jiang, Riv., 22 C4
Wuhan, 22 D3
Wuppertal, 12 D2
Würtzbourg, 13 E2
Wye, Fl., 10 E4
Wyoming, 34 D3

X

Xánthi, 15 J5
Xi Jiang, Fl., 21 I3, 22 D4
Xi'an, 21 I2, 22 C3
Xiang Jiang, Riv., 22 D4
Xijang (voir Tibet)
Xingu, Riv., 36 E3
Xining, 21 I2, 22 C3
Xinjiang-Ouigour, Rég., 18 I5, 21 F-H1

Y

Yamoussoukro, 26 E8
Yang-Tseu Kiang (Yangzijiang), Fl., 21 I3, 22 C-D3
Yangzijiang (voir Yang-Tseu Kiang)
Yaoundé, 26 I9, 28 B2
Yaqui, Fl., 34 D6
Yaren, 38 F4
Yarkan He, Riv., 21 F2
Yavari, Riv., 36 C3
Yell, Î., 10 I7
Yellowknife, 32 I3
Yellowstone, Riv., 34 D2
YÉMEN, 20 C4, 27 P6
Yeszd, 20 D2
Yeu, Î., 12 B3
Yinchuan, 22 C3
Yinchuan, Rég., 21 I2
Yobe, Riv., 26 I7
Yokohama, 22 F3
Yonne, Riv., 12 C3
Youghal, 10 C5
YOUGOSLAVIE (voir Serbie-Monténégro)
Youngstown, 35 F3
Yuan Jiang, Riv., 21 J2, 22 C-D4
Yucatán, Rég., 35 F7
Yucatán, Détr. du, 35 F7
Yucatan, Rég. de, 30 G4-3
Yukon, Fl., 32 D-E3
Yukon, Rég., 32 G3
Yunnan, Rég., 22 C4
Yuruá, Riv., 36 D3
Yushan, Mt., 22 E4

Z

Zabrze, 13 G2
Zacatecas, 34 D7
Zacatecas, Rég., 34 D7
Zadar, 13 F3, 15 E3
Zagreb, 13 F3, 15 E-F3
Zagros, Mts., 20 D2, 27 Q3
Zaïre (Congo), Fl., 26 J10, 28 B4
Zaïre (voir Rép. Dém. du Congo)
Zaïssan, L., 18 I5
Zambèze, Fl., 28 F6
ZAMBIE, 28 D-F6-5
Zamboanga, 23 E6
Zamora, 14 D2
Zandzak, Rég., 13 G-H4
Zante, Î., 15 H7
Zanzibar, 28 G4
Zanzibar, Î., 28 G4
Zapadna Morava, Riv., 13 H4
Zaporojie, 18 D5
Zaria, 26 H7
Zézère, Riv., 14 B3
Zhanjiang, 22 D4
Zhejiang, Rég., 22 D4
Zhengzhou, 21 J2, 22 D3
Zibo, 22 D3
Ziel, Mt., 38 C6
Zielona Gora, 13 F2
Ziguinchor, 26 C7
ZIMBABWE, 28 E-F6
Zinder, 26 H7
Zouara, 26 I3
Zouérate, 26 D5
Zugspitze, Mt., 13 E3
Zujar, Riv., 14 D3
Zurich, 12 E3
Zwarteberg, Mgnes, 28 C-D9
Zwickau, 13 F2

SOURCES : annuaires statistiques nationaux et internationaux : Banque mondiale, OCDE, ONU, UNESCO, FMI, EUROSTAT, INSEE, recensement de 1999 (pour la France) et commission de toponymie de l'IGN (4e édition). Remerciements tout particuliers à Jean-Pierre HERVET pour son aide précieuse dans la correction de cette édition.